JN096743

新・保育と言葉

― 発達・子育て支援と実践をつなぐために ―

石上 浩美 編著

多田 琴子・山本 淳子・石川 恵美・小田 浩伸
作野 友美・小田 真弓・吉田 香代子
福鹿 慶子・宮前 桂子・高橋 登 共著

嵯峨野書院

は じ め に

　このたび『保育と言葉』（初版2013年）を全面改訂し，新刊書として発行することになった。今回の全面改訂では，大学教職課程および保育士養成校などの新カリキュラムに合致した「保育内容領域言葉」について，よりわかりやすく実用的なテキストを編集することを目的とする。

　現行の『保育所保育指針』第2章 1-⑵ ねらい及び内容 イ 社会的発達に関する視点「身近な人と気持ちが通じ合う」では，「受容的・応答的な関わりの下で，何かを伝えようとする意欲や身近な大人との信頼関係を育て，人と関わる力の基盤を培う。」とある。また，『幼稚園教育要領解説』第2章 第2節-4「言葉の獲得に関する領域言葉」には，「経験したことや考えたことなどを自分なりの言葉で表現し，相手の話す言葉を聞こうとする意欲や態度を育て，言葉に対する感覚や言葉で表現する力を養う」と明記されている。

　言葉は，子どもが社会的に生きていくための手段であり道具である。たとえば，乳児の泣きや前言語的な発声は，自分の欲求や意思を相手に伝えるための外言的な手段である。親や養育者は，当初は戸惑い慌てふためきつつも，なぜ泣くのかを考え，語りかけ，あやしながら接するうちに，乳児の要求を徐々に把握できるようになる。そして，欲求が充足した乳児の笑顔や仕草，発声を見聞きするにつれて，乳児を愛おしいものと感じ，大切に育もうとする。このような一連のやりとりが，初語以降の有意味語や話し言葉の獲得につながる。乳児は自分が発する音や声によって相手が喜び，さらに自分をかまってくれることを理解し，相手の発する言葉を模倣するようになる。そして，5～6歳頃には大人と同じ水準の語彙を獲得し，いろいろな話ができるようになる。

　このような言葉の発達過程に関する基礎理論を基に，実際の保育・教育現場においては，さまざまな活動場面における言語的な支援や指導計画を作成し，それを実践・評価することが求められている。その一方で，現在，文部科学省『学校における新型コロナウイルス感染症に関する衛生管理マニュアル～「学校の新しい生活様式」～』（2021.4.28 Ver.6）に基づく徹底した感染予防対策がなされている。幼稚園などにおいても給食時はいわゆる「黙食」が奨励されるように，さまざまな制限・制約の下に保育・教育活動を継続している。このような社会的環境・状況の変化が子どもの心身の発達や，子どもの背景にある家庭・家族に対して及ぼす影響についても懸念されている。

　そこで本書では，子どもの言語発達および保育・教育に関する理論編と，具体的な指導計画・指導案づくりのための指導・実践編の2部構成とした。第Ⅰ部では，乳・幼児期から児童

期における身体，知覚・認知や社会性および言葉の発達に関する基礎理論を整理するとともに，保育・教育実践における指導上の留意点，評価，気になる子どもに対する支援のあり方などについて概説した。第Ⅱ部では日常の保育・教育実践場面の観察方法，記録簿や指導計画の作成について事例を交えながら紹介し，現代の保育・教育課題とその改善のための展望について論じた。

　本書は，大学教職課程および保育士養成校において，小学校・幼稚園教諭免許状，保育士資格取得を目指す学生を対象としたテキストとして編集した。その一方で，現在子育て中の親御さんやご家族，現場で活躍中の保育士・教員，子育て支援職や保健・医療・行政職などのみなさまにも，「読み物」として手に取っていただきたい。それは，学校園と家庭・地域の連携において，子ども・子育て支援をとらえる必要性があるためである。異業種・異文化の専門性が融合することによって，乳・幼児期から児童期に至る子どもの「養護と教育」の一体化がスムーズになると考えている。

　これからのSociety5.0社会の担い手となる子どもの未来のために，今，大人や社会が何をしなければならないのか，本書を通じて，みなさまと一緒に考えることができればとても嬉しい。

　2022年4月

編著者　石　上　浩　美

<h1>● 目　次 ●</h1>

第Ⅰ部　理　論　編

章イラスト　なかのまいこ

第I部　理論編

第 1 章

保育の基本と言葉の獲得に関する領域「言葉」

1 保育の基本とは

2020（令和 2）年，世界を席巻した新型コロナウイルス感染症は，今後の国のあり方に問題を提起し，急速に変化する社会に対して，予測不能な未来に送り出す子どもには，どのような保育・教育がふさわしいのかという課題を突きつけたといえる。くしくもその 3 年前，幼稚園教育要領，保育所保育指針，幼保連携型認定こども園教育・保育要領，小・中学校学習指導要領は，2017（平成 29）年に告示され，就学前の保育・教育から一貫した方向で改定された方針のもと保育・教育が展開されている状況である。その一貫した方向性は**幼稚園教育要領**前文に示されている。

幼稚園教育要領

> （前略）一人一人の幼児が，将来，自分のよさや可能性を認識するとともに，あらゆる他者を価値のある存在として尊重し，多様な人々と協働しながら様々な社会的変化を乗り越え，豊かな人生を切り拓き，持続可能な社会の創り手となることができるようにするための基礎を培うこと（後略）

保育所保育指針，幼保連携型認定こども園教育・保育要領にもこの方向性は共有されている[1)2)3)]。

保育所保育指針
幼保連携型認定こども園
教育・保育要領

中央教育審議会答申を受けて改定の基本方針として 5 つが示されている。

> ① 改定の基本的な考え方
> この改定の基本的な考え方は，下記の 3 点である。
> ア）子どもが未来社会を切り拓くための資質・能力を育成することができる「社会に開かれた教育課程」を重視
> イ）知識の理解の質を高めた確かな学力を育成

ウ）道徳教育や充実した体験活動の重視，体育・健康指導を充実させて豊か
な心や健やかな体を育成
② 育成を目指す資質・能力の明確化
③ 主体的・対話的で深い学びの実現に向けた授業改善の推進
④ カリキュラムマネージメントの推進
⑤ 言語能力の確実な育成，伝統・文化・体験活動など教育内容の充実

上記の基本方針を核にして保育者は保育にあたる必要がある。さらに，
幼児期の教育を行う施設として共有すべき事項として小学校との円滑な
接続を図るうえで示された「育みたい資質・能力」として，「知識・技
能の基礎」「思考力・判断力・表現力等の基礎」「学びに向かう力や人間
性等」が示されている。また，**幼児期の終わりまでに育ってほしい姿**と
して，10点示されている。以下に列挙する。

幼児期の教育

幼児期の終わりまでに育
ってほしい10の姿

① 領域健康に属する「健康な心と体」
② 領域人間関係に属し，幼児教育の中核的になる「自立心」
③ 領域人間関係に属し，協同の目的を実現する「協同性」
④ 領域人間関係に属し，他者理解とルール理解の核になる「道徳性・規範意
識の芽生え」
⑤ 家庭・地域とつながる意識の芽生えとなる「社会生活との関わり」
⑥ 好奇心・予測・試行・判断など，論理的思考を育てる「思考力の芽生え」
⑦ 自然と親しみ畏敬の念を育み，公共心探求心を養う「自然との関わり・生
命の尊重」
⑧ 日常生活で数・量・形・文字への興味関心，感覚を養う「数量・図形，標
識や文字等への関心感覚」
⑨ 保育者または友達同士の対話，絵本・物語などを通して育む「言葉による
伝え合い」
⑩ 様々な表現を喜び楽しみ，自ら表現する意欲の発揮を育む「豊かな感性と
表現」

この育ってほしい姿は，ひとつの姿ごとに育成するものではない。相
互に深くかかわり，絡み合って育っていくことを考慮するものである。
たとえば，幼稚園教育要領第1章 総則の第4-3-(3)「言語に関する能力
の発達と思考力等の発達が関連していることを踏まえ，幼稚園生活全体
を通して，幼児の発達を踏まえた言語環境を整え，言語活動の充実を図
ること[4]。」とある。幼保連携型認定こども園教育・保育要領の第1章

総則の第 2-2-(3)-エ[5]に同様の文言がある。つまり，領域別保育活動の展開や，何か特別なメソッドで保育展開するのではないのは明白である。大切にしたいことは，子ども期にふさわしい生活を守り，発達にふさわしい方法と活動により子どもが総合的に育っていくことを念頭に置くことである。

この資質や能力を子どもが身につけるための保育者の行為については，各領域の指導法に述べられている。

２ 保育所保育・幼稚園教育が目指す保育

保育所保育指針第 1 章 総則に，「この指針は，児童福祉施設の設備及び運営に関する基準（昭和 23 年厚生省令第 63 号）第 35 条の規定に基づき，保育所における保育の内容に関する事項及びこれに関連する運営に関する事項を定めるものである。各保育所は，この指針において規定される保育の内容に係る基本原則に関する事項等を踏まえ，各保育所の実情に応じて創意工夫を図り，保育所の機能及び質の向上に努めなければならない[6]。」とある。続いて保育所保育に関する基本原則として，1　保育所の役割，2　保育の目標が示されており，保育所保育の基本を読み取ることができる。

幼稚園教育の基本は，**「環境を通して行う」教育**とし，「ふさわしい生活」「遊びを通しての指導」「一人一人の特性に応じ発達の課題に即す」の 3 点を重視する事項が示されている。

環境を通して行う教育

しかし，ここで保育とは何かを理解する必要がある。幼児期の教育と保育は同意語なのであろうか。

2012（平成 24）年 4 月の初等中等教育分科会（第 79 回）説明資料「**子ども・子育て新システムについて**」には，「学校教育」とは，学校教育法に位置づけられる小学校就学前の子どもを対象とする教育（幼児期の学校教育）を指し，「保育」とは児童福祉法に位置づけられる乳・幼児を対象とした保育を指すとある。

子ども・子育て新システム

2021（令和 3）年，総務省は 5 歳児未満人口推計で，1982（昭和 57）年

以降 40 年連続減少を示した。同年，厚生労働省の調査から，日本の人口は今後も減少基調が続き，保育所利用児童は 2025 年にピークを迎えると報告している。子どもを巡る行政は少子化，人口減少を見通し，幼稚園および保育所から幼保連携型認定こども園（学校および児童福祉施設）への移行は停止され始めている地域もある。

このような子どもをめぐる日本の現状のなかで，「保育の基本」を考えるとき，1989（平成元）年から取り組んできた「生きる力の基礎」に立ちかえる必要がある。保育者には，一人一人の子どもにとっての「ふさわしい生活・遊びを通した総合的自発活動・発達の特性に応じる」園生活を重視し，子ども自身が主体的に環境にかかわる「環境を通した保育」が求められるのである。

森上は，**津守真**の著者「保育者の地平[7]」を引用しつつ，「乳幼児に対する教育的な営みには，従来，学校教育で慣用されてきた「教育」という言葉ではいい尽くせないニュアンスが含まれており，そうした仕事に携わる人たちはそのニュアンスに含まれる意味を大切にしようとして「保育」という語をずっと尊重してきた」と述べている。一方，**世界幼児教育・保育機構**（OMEP）では，幼児教育に "Early Childhood Care and Education" という慣用語を使用している。「幼児期には狭義の教育だけでは不十分で，遊びを中心とする幼児の生活全体に対する配慮がなければ幼児教育は成り立たない」という津守の言説を森上は紹介している[8]。

つまり，乳・幼児期の子どもへの保育・教育は，方法も内容も小学校以降の教育とは異なる。未分化であり多様である乳・幼児期の子どもの発達を重視し，遊びを通して子ども自身が全身で学びを体得していく，子ども期にふさわしい保育・教育を行うことが求められるのである。

津守真

世界幼児教育・保育機構
（OMEP）

3 保育内容「言葉」とは

（1） 領域の考え方

子どもの生活は総合的で学びの姿は生活のあらゆる場面においてであ

る。子どもの学びを小学校以降の学習形態のように，時間や教科書によって指導するのではなく，保育者が発達にふさわしい環境を構成し遊びを通して総合的に指導するものである。その指導する内容を保育者側から整理したものが，領域である。いわば保育者側から**子どもをみる窓**と捉えることができる。しかし，5領域は並列で捉えるものではない。領域「言葉」は**言葉の獲得**に関する領域である。言葉の獲得は，他の領域と密接にかかわり，相互に関連しながらなされていくことを意識し，「今」のかかわりを大切に実践することが必要である。さらに，これからの豊かな言葉のある「今」をつくっていくことを目指すものである。

子どもをみる窓

言葉の獲得

（2）領域「言葉」の目指すもの

言葉の獲得に関する領域「言葉」の目標は次の通りである。

【保育所保育指針】第1章 総則 1-(2)
(ｵ) 生活の中で，言葉への興味や関心を育て，話したり，聞いたり，相手の話を理解しようとするなど，言葉の豊かさを養うこと[9]。
【学校教育法】第23条の4
　日常の会話や，絵本，童話等に親しむことを通じて，言葉の使い方を正しく導くとともに，相手の話を理解しようとする態度を養うこと[10]。

学校教育法

それらを受けて，保育所保育指針並びに幼稚園教育要領の領域「言葉」の**目指す方向性**として，3歳以上の子どもにおいては，子ども自身が「経験したことや考えたことなどを自分なりの言葉で表現し，相手の話す言葉を聞こうとする意欲や態度を育て，言葉に対する感覚や言葉で表現する力を養う」と示されている[11][12]。

目指す方向性

言葉は，学習するものではなく獲得するものである。言葉を獲得する前の子どもは，身近な人々がその場に応じた温かい言葉かけや，子どものクーイングや喃語を真似るなど，愛情深いかかわりのなかで相互に応答し合う心地よさを味わうことが大切である。信頼するひとから**コミュニケーションの基盤**となる応答的かかわりを十分に受けることで，相手に自分の気持ちを分かってもらいたい，伝えたいという気持ちの芽生えが発語を促すのである。このことから，子ども自身が「音に意味がある

コミュニケーションの基盤

こと」「ものに名前があること」を発見し，それを「声で表現する」意味を体得していくのである。言葉を獲得してからは，心と身体が体験したさまざまな思いを身近なひとに話し，聞いてもらうことで，伝わる喜びや満足感を味わうのである。子ども自身が言葉によって伝え合うなかで，自分自身のものの見方や考え方も確かなものになっていくようなかかわりが必要である。

4 「言葉」のねらい・内容

（1） 保育内容「言葉」のねらい

　3歳以上の子どもにおけるねらいは，保育所保育指針・幼稚園教育要領ともに同じである。違いは，保育所保育指針において「保育士等」と記述されているところが幼稚園教育要領では「先生」とある。また，幼保連携型認定こども園教育・保育要領では，「保育教諭等」と示している。これらはすべて，保育者を意味する用語として捉える。

　保育所保育指針・幼稚園教育要領の「言葉」ねらいは次の通りである。

---

① 自分の気持ちを言葉で表現する楽しさを味わう。
② 人の言葉や話などをよく聞き，自分の経験したことや考えたことを話し，伝え合う喜びを味わう。
③ 日常生活の言葉が分かるようになるとともに，絵本や物語などに親しみ，言葉に対する感覚を豊かにし，保育士等や友達と心を通わせる。

---

　①は子どもが「おしゃべりって，楽しい」と心から感じること（心情）である。②は「先生のお話は面白いからもっと聞きたい」「みんなが私の話を聞いてくれるから，もっと話したい」と思うこと（意欲）である。③は「お友だちはそんなこと考えていたんだ！」「私は，こんなこと考えたのよ」と相手の話を聞いて自分の意見を言ったり，「この絵本の，たろうが，山にぶつかるところがカッコよかったね〜」などと友だちや先生と共感し合ったりすること（態度）である。

心情

意欲

態度

ここに示されるねらいは，保育所・幼稚園を修了するまでに子どもに育つことが期待される方向（目標）性である。

（2） 保育内容「言葉」の内容

言葉の獲得に関する領域「言葉」の内容は次の通りである。

---

① 保育士等や友達の言葉や話に興味や関心をもち，親しみをもって聞いたり，話したりする。
② したり，見たり，聞いたり，感じたり，考えたりなどしたことを自分なりに言葉で表現する。
③ したいこと，してほしいことを言葉で表現したり，分からないことを尋ねたりする。
④ 人の話を注意して聞き，相手に分かるように話す。
⑤ 生活の中で必要な言葉が分かり，使う。
⑥ 親しみをもって日常の挨拶をする。
⑦ 生活の中で言葉の楽しさや美しさに気付く。
⑧ いろいろな体験を通じてイメージや言葉を豊かにする。
⑨ 絵本や物語などに親しみ，興味をもって聞き，想像をする楽しさを味わう。
⑩ 日常生活の中で，文字などで伝える楽しさを味わう。

保育所保育指針・幼保連携型認定こども園教育・保育要領と幼稚園教育要領には違いがある。3歳以上の子どもに対しての目指す方向性やねらいは全く同じであるが，教育の側面からかかわる視点として，保育所保育指針と幼保連携型認定こども園教育・保育要領には1歳未満児，1歳以上3歳未満児のねらい・内容が新たに設定された。

第2章 保育の内容 1の乳児保育に関わるねらい及び内容(2)から，「イ 身近な人と気持ちが通じ合う」のねらい②には，「体の動きや表情，発声等により，保育士（保育教諭）等と気持ちを通わせようとする。」とあり，内容の④に「保育士（保育教諭）等による語りかけや歌いかけ，発声や喃語等への応答を通じて，言葉の理解や発語の意欲が育つ。」とある。

1歳以上3歳未満児の保育に関するねらい及び内容は，3歳以降と同じ5領域に分かれている。

ねらい
① 言葉遊びや言葉で表現する楽しさを感じる。
② 人の言葉や話などを聞き，自分でも思ったことを伝えようとする。
③ 絵本や物語等に親しむとともに，言葉のやり取りを通じて身近な人と気持ちを通わせる。

内容
① 保育士等の応答的な関わりや話しかけにより，自ら言葉を使おうとする。
② 生活に必要な簡単な言葉に気付き，聞き分ける。
③ 親しみをもって日常の挨拶に応じる。
④ 絵本や紙芝居を楽しみ，簡単な言葉を繰り返したり，模倣をしたりして遊ぶ。
⑤ 保育士等とごっこ遊びをする中で，言葉のやり取りを楽しむ。
⑥ 保育士等を仲立ちとして，生活や遊びの中で友達との言葉のやり取りを楽しむ。
⑦ 保育士等や友達の言葉や話に興味や関心をもって，聞いたり，話したりする。

　1歳以上3歳未満児についても，子どもが身につける事柄として，ねらい・内容が示され，言葉獲得以前の子どもから，言葉をコミュニケーションの手段として使用し始めるころの子どもを意識した内容といえる。

　言葉の領域が目指すものは，**子ども自身の内発的欲求**としての「自分を表現したい」「他者とつながりたい」が発揮され，豊かな言葉となっていくように，言葉の獲得以前から身近な大人が，言葉に対する感覚や言葉で表現する楽しさや喜びを味わえるような環境をつくることからはじまるともいえる。

子ども自身の内発的欲求

5 保育内容「言葉」における保育者の役割

　保育内容「言葉」における保育者の役割を考えるとき，子どもの発達を踏まえるのは当然である。**保育の専門職**として子どもにかかわることを自覚し，その子どもにとって必要なかかわりを行いたいものである。

保育の専門職

（1）　発達理解と指導計画

　一般的な**発達の順序性**は，教科書や専門書を読むと把握することがで

発達の順序性

きるが，子どもの発達は個人差が大きいことを理解しておく必要がある。しかし，発達の筋道はどの子どもも同じである。たとえば，新生児が示す模倣行動が生得的であること。共鳴動作や相互作用を通して，応答関係が築かれること。共同注視から共同注意に移行すること。二項関係から三項関係へと発達すること。クーイングから喃語，1語文，2語文へと獲得していくこと。一次的言葉から二次的言葉へと質的変化をすることなどである。その時期特有の発達の姿を，ある子は10ヶ月で表出し，ある子は13ヶ月で表出するだけの違いである。

　保育者は，発達の連続性のなかの，子どもの「今」をしっかりと把握し，発達の方向を見据えて，一人一人の子どもに必要なかかわりを意図することが必要である。意図するとは，**指導計画に位置づけ**ていくことである。乳児へのかかわりの場合，毎日同じことを同じように繰りかえしながらも，子どもの変化を記録し，日案のなかで，言葉の獲得を促すかかわりを明記していくことで，保育者が「子どもの豊かな言葉獲得の保育環境」となりうるのである。

指導計画に位置づけ

（2）　発達にふさわしい文化財との出会いをコーディネイト

　書店には幼児図書のコーナーがあり，子ども向きの絵本が大量に出回っている。保育者は，子どもにとっての「よい本」を選ぶ眼力をもちたいものである。

　絵本や紙芝居は，子どもにふさわしい**文化財**である。

文化財

1）絵本や紙芝居との出会いの機会をつくる

　子どもにとって，実際に手にとることができ，自分のペースでページをめくる絵本との出会いは，身近な大人の環境構成が必然としてある。保育室の一角の子どもが自由にかかわれる絵本コーナーには，保育者が学級の子どもたちに出会わせたい意図をもって絵本を並べている。ゆっくりと絵本の世界に浸り込めるように絨毯やソファーを置く。ある程度コーナーとしての独立したスペースがあると，子どもはゆっくりと絵本を楽しむことができる。しかし，絵本をコーナーに置くだけでは出会いの機会とならない。学級全体で絵本の読み聞かせを行い，みんなで一緒

に同じ本の面白さや楽しさを共有することで，一人で，あるいは友だちと一緒に絵本に親しんでいく雰囲気が学級につくられるのである。そうすることが子どもから文化財への**能動的出会い**を誘発するのである。

能動的出会い

２）教材研究により，絵本や紙芝居との出会いの意味を把握する

絵本や紙芝居にはさまざまなものがある。赤ちゃん用の絵本には，布で作られたものや木でつくられたものがあったり，飛び出す仕掛けのものや逆さまからでも読める本があったりする。それらを単に保育者の好みで無作為に読むのではなく，その作品の形態や作者の意図，保育の展開にあうものを保育者が吟味して選び出会わせることが必要である。

文化財をさまざまなカテゴリーで分類して把握しておくことも必要である。たとえば，年齢別，分野別（昔話・創作話・科学の本・日本の本・外国の本・図鑑など），タイプ別（言葉のリズム・心の解放・体験の再現・ファンタジーの世界・感動の誘発など），出版社別などである。保育者が園にある文化財を吟味して分類しておけば，意味ある子どもと文化財の出会いをつくることもできる。

（3）　保育者自身の言葉遣い

「真似る」は子どもの学習の形態である。子どもは大好きな担任の言葉遣いや言葉の内側にある人格まで読み取りコピーする力をもっている。つまり，保護者以外の身近な大人として，保育者が使う言葉は子どもにとって多大な影響を及ぼす言葉環境なのである。保育者は「子どもの前に立つ保育者としての言葉は如何にあるべきか」を意識して，保育者自身の言葉を紡いでいく必要がある。保育者が使用する言葉は今までの人生のなかで保育者自身が身につけてきたものである。一夜にして言語コードを変えることができないように，自分の母語を変更することはできにくい。日常的に自分自身の言葉遣いを意識し，子どもにとっての言葉環境であることを自覚し，パブリックな場面と子どもとの一対一の場面で標準語と方言を使い分けながら保育者としての言葉を磨き続けていきたいものである。

【引用・参考文献】

1）文部科学省『幼稚園教育要領〈平成29年告示〉』フレーベル館，2017年
2）厚生労働省『保育所保育指針〈平成29年告示〉』フレーベル館，2017年
3）内閣府・文部科学省・厚生労働省『幼保連携型認定こども園教育・保育要領〈平成29年告示〉』フレーベル館，2017年
4）文部科学省『幼稚園教育要領解説〈平成30年3月〉』フレーベル館，2018年，p.110
5）内閣府・文部科学省・厚生労働省『幼保連携型認定こども園教育・保育要領解説〈平成30年3月〉』フレーベル館，2018年，p.101
6）厚生労働省編『保育所保育指針解説〈平成30年3月〉』フレーベル館，2018年，p.12
7）津守 真『保育者の地平』ミネルヴァ書房，1997年
8）森上史朗編『幼児教育への招待』ミネルヴァ書房，1998年，pp.2-3
9）前掲書2），p.5
10）前掲書4），p.25
11）前掲書2），p.27
12）前掲書1），p.19

お薦めの参考図書

① 中川李枝子『子どもはみんな問題児。』新潮社，2015年
② 河合俊雄編，河合隼雄『子どもと悪〈子どもとファンタジー〉コレクション』岩波書店，2013年
③ 岡本夏木『子どもとことば』岩波書店，1982年
④ 針生悦子『赤ちゃんはことばをどう学ぶのか』中央公論新社，2019年
⑤ 富安陽子（文），山村浩二（絵）『絵物語 古事記』偕成社，2017年

まとめ

1 いかに社会が変化しようと，保育の基本は「子どもの最善の利益」を求め，「環境を通しての教育」を行うことが基本である。また，幼児期の終わりまでに育ってほしい10の姿は，ひとつの姿ごとに育つのではなく，遊びを通して総合的に育つのである。

2 乳・幼児期の保育・教育の営みは，学校教育で慣用されてきた「教育」では言い尽くせない意味が含まれている。

3 教育の視点としての保育内容「領域」の考え方は並列ではない。相互に関連しながら，子どもの育ちを確かなものにしていく，保育者の「子どもをみる窓」である。

4 領域「言葉」の目指すものは，日常生活のなかで，子ども自身が自分を表現する言葉を獲得し，話したり聞いたりすることに関心をもって取り組み，以降の言語生活を豊かにしていくことにある。

5 保育所の子ども，幼稚園の子ども，認定こども園の子どもの目指す領域「言葉」の方向性は同じである。しかし，乳児期には乳児期ならではの，1歳以上3歳未満児には1歳以上3歳未満児ならではの大切にしたい言葉との出会いがある。

6 保育の専門職として，一般的発達の順序性をふまえると同時に，個人差としての子ども一人一人の発達の特性を考慮してかかわることが必要である。

7 子どもが発達にふさわしい児童文化財と能動的に出会うには，保育者自身が文化財としての絵本や紙芝居などを十分に知り，意味のある出会いをコーディネイトしたい。

8 子どもは大好きな保育者を真似て育つ。子どもの前に立つにふさわしい言葉遣いができるようになるために，常に自分を客観視できる俯瞰する目線を持った人格形成を心掛けたい。

第2章

乳児期の言葉の発達

1 言葉の発達の概念と理論

（1）言葉の発達の意味するもの

　言葉の使用は他の動物ではみられない，人間特有のものであるといわれている。生まれて間もない乳児の姿を想像してみよう。当然まだ「言葉」を発することはできない。乳児が「話せない」状態から，「話ができる」ようになるまでにはどのような過程があるのだろうか。それらを知ることによって，目の前の子どもの発達に寄り添った援助を行うことができるのである。

CASE

R児の記録より（9ヶ月）

　この頃つかまり立ちをして，少しつたい歩きをするようになってきた。「マンマン」と座卓の近くまで行き，身体をゆすって繰りかえす。「そう，マンマなのね，Rちゃんおやつがほしいのね？」と保育者はベビーチェアを用意しR児を座らせる。「マンマン」と再びR児は保育者が用意しているおやつのビスケットを指差した。保育者は「そうだね，おやつがあったね。いただきます，しようね」「はいどうぞ」とビスケットをR児の手に握らせた。

　事例でみられるように，言葉の獲得の過程では乳児と養育者のやりとりや周りとのかかわり，子ども自身のあふれる感情，音声を発するために必要な機能の発育などさまざまな側面が関連し合っている。R児が「マンマン」とおやつを求めたように，見えない対象を思い浮かべることができる**表象作用**の形成，「マンマン」と自分なりの言葉を記号として用いる**象徴機能**の発達なども反映されている。乳児期の言葉の発達は

表象作用

象徴機能

さまざまな領域が重なり関連しあって展開されていくのであり，言葉は子どもの全体的な発達のなかから生み出されてくるといえる。同時に言葉が獲得されていくことで，生活が言語化しひととのかかわりや行動のコントロール，概念や知能の形成など子どものいろいろな側面へ大きく影響するようになる[1]。すなわち，言葉の発達が広く人間の発達そのものを変えていくということに気づかされる。

● 写真 2-1 ● バランスを取ってつたい歩き（9ヶ月〜1歳頃）

（2） 言葉の発達の様相

　岡本は言葉の獲得の姿を4つの相に分けている。出生から1歳前後の子どもは，まだ十分な言葉で話すことができない。この時期を「**ことば以前**」とよんでいる[2]。この頃，周りの大人は赤ちゃんの微笑に思わず声をかけたり，発する音声に応答したりすることがある。乳児は音声や動作の交換によって他者とのかかわりを身につけるのである。生後12ヶ月を経たころに**初語**が出現する。初語とは，「ニャンニャン」「ブーブー」など言葉のさきがけともいえる音声と意味が合わさった有意味語であり，**1語文**ともいわれる[3]。さらに1歳半頃から本格的な言葉の獲得期に入り，2歳までには急激に語彙数が増加し，文の生成がみられるようになる。言葉の誕生を迎えるこの時期を「**ことばの誕生期**」と分類する。次の幼児期から小学校低学年頃にかけては，「**一次的ことば期**」といわれる。一次的ことばは，生活のなかで，自己の言葉として使用する。特定の親しいひとと会話する姿にみられる話し言葉である。たとえば，「先生，お弁当おいしいね」などの文のように，生活のなかで現実経験に沿って使用される。また，学童期以降は「**二次的ことば期**」に分類される。二次的ことばは，話し言葉に加えて書き言葉の使用や，授業場面など現実の場面を離れたところで不特定の相手にも伝えられるような言葉による表現である。二次的ことばを獲得しそれを用いることによって，一次的ことばはさらに影響され変容していく。すなわち，一次的ことばと二次的ことばは，影響を及ぼし合いながら併存していく関係である[4]。

ことば以前

初語

1語文

ことばの誕生期

一次的ことば期

二次的ことば期

（3） 子どもと自己中心的言語

　3，4歳くらいの子どもが数人で三輪車をバイクに見立てて「ウィーン，ウィーン発車！」とこぎ出しながら遊んでいる姿を想像してみよう。このとき言葉は友だちに対して発しているのではなく，自分に言い聞かせているように捉えられる。ピアジェ（Piaget, J.）は，3〜7歳くらい（幼児期）にみられるひとり言や遊びのなかで発せられる集団的ひとり言を子どもの自己中心性が言語の面で現われたものとして**自己中心的言語**と名づけた。これは，本来考えている内容を言葉に発しているので，会話とは区別される。

　言葉の側面には，他者に向けられたコミュニケーションのための言葉（**外言**）と自己に向けられた思考のための言葉（**内言**）がある。子どもは最初に他者に向けられた外言を獲得する。ピアジェの理論を発展させたヴィゴツキー（Vygotsky, L. S.）は，自己中心的言語は他者に聞こえるという外言の形式をとりながら機能的には自己に向けられた内言であり，さらに時期を経て発声を伴わない内言へと発達するという言語発達論を展開している[5]。3〜7歳にかけて自己中心的言語の割合は徐々に減少し，内言によって思考の世界を築きあげていくのである。この時期，大人は子どもの言語発達の「独自の複雑性」を捉えて，言葉や思考の世界を広げるようなかかわりが望まれる。

自己中心的言語

外言
内言

2 乳児の言葉とは

（1） 前言語的コミュニケーション

　生まれたばかりの新生児はすでに，人間との関係のなかで生きていくのにふさわしい行動のメカニズムを生得的にもち合わせているといわれている。コンドンとサンダー（Condon & Sander）は生後12時間から2日の新生児に母語である英語での語りかけ，中国語，母音の連続，雑音などを聞かせた結果，英語および中国語の刺激に対して乳児の体動との

関連がみられた。しかし，中国語に対しては月齢が進むと，母語でないために雑音と同様の反応へと変化した[6]。すなわち新生児は母語の語りかけには体動を同調させることが認められたのである。また，小林らの研究プロジェクトでは，乳児の手足の動きのリズムが母親や他の大人の語りかけのリズムにどう反応するかをビデオ撮影し，コンピューターで画像解析を行った。その結果，乳児の手の動きは母親の語りかけのリズムに少し遅れて引き込まれて同調し，母親も乳児の身体の動きに同調して語りかける。すなわち互いに同調しながら身体を動かして情報を交換しているのである。小林らは語りかけのリズムに赤ちゃんの手足が引

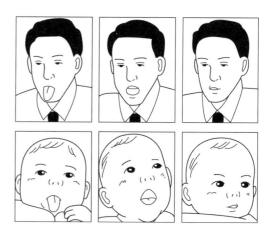

A．舌出し（あかんべえ）　B．口を大きく開ける　C．口をすぼめて突き出す

● 図 2-1 ●　赤ちゃんは大人のしぐさをまねる

資料：A. N. Meltzoff & M. K. Moore, Imitation of facial and manual gestures by human neonates, *Science*, 198, 1977, pp. 75-78.

出典：内田伸子ほか『乳幼児の心理学』有斐閣，1991 年，p. 14

き込まれ同調する現象を**エントレインメント**（entrainment：引き込み同調現象）とよんだ[7]。　　　　　　　　　　　**エントレインメント**

　さらに，メルツォフとムーア（Meltzoff & Moore）は生後 12〜21 日の新生児に大人のモデルの口の部位の動きを見せると，それに続く 20 秒の間に，類似の動作すなわち**共鳴動作**が生じやすいことを示した[8]（図　**共鳴動作**
2-1）。

　以上のようにさまざまな研究によって，新生児期から会話につながるようなコミュニケーションの萌芽がみられることが明らかにされている。乳児側に積極的に伝える意志がなくても意図が伝達されたかのような状態が成立しているのであり，これが前言語的コミュニケーションの特徴である。

（2）　共同注意と三項関係

　生後 6 ヶ月頃の乳児になると，母親の視線を追った先にものがあればそれを注視するような姿がみられる。9 ヶ月頃になると，同じく視線の方向に何もない場合でも母親の顔を確認し，視線の方向をチェックする行動がみられる。また，指差しやものを差し出すなど意図をもつ身ぶりで相手の注意を対象物に向けさせる。このように同じ対象に注意を向け

共有することを**共同注意**という。これは前言語的コミュ
ニケーションで見られた同調や共鳴の関係，すなわち
〈自分―モノ〉〈自分―ヒト（相手）〉といった**二項関係**か
ら，〈自分―モノ―相手〉の関係すなわち**三項関係**の成
立である。たとえば父親が「ほら，ボール」と言い，子
どもがボールを見る。または自分で「ボール」と言い父
親に見せようとする。さらに「ボール，アーア（イッチ
ャッタ）」「ボール行っちゃったね」などと話題を共有す
る。注意の共有に始まり言葉や話題を共有することが将
来の言葉でのコミュニケーションの基礎となるのである[9]。

● 写真2-2 ● **お母さんと楽しいひととき**
（6ヶ月児）

共同注意
二項関係
三項関係

3 親との関係性と言葉の発達

（1） 養育者との相互交流

　現代は親や祖父母，保育者などのネットワークで子育てをするのが一
般的になってきている。この項ではとくに乳児とかかわる主な養育者を
母親として，そのかかわりと子どもの言葉の発達について捉えていく。

　新生児期のコミュニケーションはエントレインメントや共鳴動作でも
確認されたが，母親の授乳時にすでに相互のコミュニケーションが行わ
れている。生後2週の新生児の授乳場面のサイクルは，ほぼ一定の長さ
で〈吸う―休む―吸う―休む〉とリズミカルに繰りかえされている。母
親は，授乳のときは子どもの顔をのぞき込んでいるが，休止期間に入る
と一般的に皆同じように優しく細かに揺さぶったり「よしよし」と声を
出したりするという。逆に子どもは揺すられると飲むことを休止し，揺
すられなくなると再び吸い始める。子どもの動作と母親の働きかけが重
複することなしに，刺激が与えられるようになっているのである。

　さらに生後6～8週ではこの揺さぶりを与えないと「アー」「クー」な
どの**クーイング**（cooing）を発する。乳児は声をあげることでお乳を要
求しようとしているのではないかと推測され，このとき音声に意味を与

クーイング

えている可能性が高い。

　以上のことから，正高は新生児期の子どもは，「くちびるを通しての母親との交流を基にして，声を使ってのコミュニケーションをはかろうとする意図が芽生えている」と論じている。また母親は満3ヶ月を過ぎたころの子どものクーイングに，それが意味不明にかかわらず返事を返す姿が見られる。詳細に観察すると，子どもは母親の返事があればいったん沈黙し，なければ短い間隔で連続的に発声するという。正高はこれは子どもが自発的に母親に呼びかけを行っているのではないかと推測している[10]。

（2）　子どもに向けられた言葉（CDS）と言葉の模倣

　乳児は誕生直後から刺激の有無に関係なくほほ笑むが，これを**生理的微笑**という。このほほ笑みに周囲の大人は思わず声をかけて同じようにほほ笑みを返す。生後2ヶ月以降になると，**喃語**（なんご）（子音と母音がつながった発声［遊び］）や同じ音の繰りかえしによる発声（遊び）がみられる。また，生後3，4ヶ月になると，発声器官は言語音をつくりだすのにふさわしい構造へと変化するが，ある相手を明確に指向して積極的に何かを伝えようとする「伝える」笑いが出現してくる[11]。さらに生後6ヶ月くらいに成長すると，大人の語りかけに返事をするように「アーアー」「ブーブー」などいろいろな種類の音を連続的に出し始め喃語が豊かになり，**ジャーゴン**（母語に含まれる音韻が混ざったおしゃべりをしているような喃語）がみられるようになる。

　アメリカの文化人類学者ファガーソン（Ferguson, C. A.）は，大人が乳児に話しかけるときに，声の調子を高くし同時に抑揚を誇張する傾向が顕著となることを発見した。すなわち**CDS**（child-directed speech：子どもに向けられた言葉）を発する傾向が顕著となる。正高は日本語の母親の語りかけのメロディータイプと乳児の発話の関係について調査を行ったが，子どもはCDSのメロディータイプを模倣する確率が高いという結果が得

生理的微笑

喃語

ジャーゴン
CDS（child-directed speech）

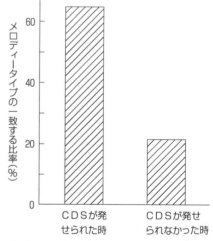

● 図2-2 ●　CDSが発せられたときと，発せられなかったときの，母親と子どもの発話におけるメロディータイプが一致する比率の比較
出典：正高信男『0歳児がことばを獲得するとき』
　　　中央公論新社，1993年，p. 107を一部改変

られている（図2-2）。また乳児はCDSを耳にすると注意をそちらに向け，ほほ笑みを浮かべたり手足をバタバタ動かしたり，首や頭を左右に動かすことが多い。つまり「うれしい」という情緒反応を頻繁に表すのである。すなわち，母親の語りかけによる親和的気分の高まりが，乳児の模倣行動をうみ出すと考えられる。生後月数が進み，乳児はCDSのメロディータイプの模倣が促され，生後12ヶ月を経たころには初語の発現をみる[12]。

　以上のように，乳児と母親との無意識的でありながら巧妙なコミュニケーションと情緒的な絆による相互のかかわり合いによって，乳児期の言葉の発達は促されていくのである。

4 保育者との関係性と言葉の発達

（1）　保育者の応答的なかかわり

　保育者が保育所や幼保連携型認定こども園で子どもと出会い，初めに耳にする言葉は何であろうか。子どもは機嫌よく喃語を発している場合もあるだろう。むしろ泣くことで何かを訴えている場合の方が多いかもしれない。保育者は当然，子どもに愛情をもって安心感を与えるかかわりをするだろう。そうしながらさまざまな子どもの表現を受け止め，それはどんな要求であるのかを感じ取ろうとするのである。

　保育者によるかかわりとは具体的にどのようなことであろうか。それは子どものサインに応答した「抱く」「あやす」「語りかける」などの行動であり，保育者の行動によって子どもは安定した気持ちになり親しみを感じる。保育者が受容し子どもと応答し合う関係のなかで，子どもは安心感と信頼関係を土台として発語の意欲が育まれていくのである。保育者が子どもの気持ちを敏感に感じ取り，共感的に受け入れて理解しようとしたり，ともに喜んだりすることで情緒的なつながりを深めるということは，言葉の発達

● 写真2-3 ●　先生とままごと遊び
（1歳児）

のみならず保育における基本であるということを忘れてはならない。

（2）　言葉のモデルとしての保育者

　親のわが子とのかかわりに比べて，保育者は多数の子どもを相手にすることになる。たとえば，「片づけをしましょう」など生活に必要な言葉や「座りましょう」など集団に対してかける言葉は，ともすればパターン化されてしまうことがある。集団保育場面でも，「オムツを替えて気持ちよかったね」「手を拭いてあげようね」など，とくに乳児期の子どもに対して保育者が心を通わせながら１対１で丁寧に語りかけることは，言葉の発達を育むために大切にされなければならない。

　園生活では子どもは家庭とは違った多様な場面で，保育者の姿を目にし，言葉を耳にする。子どもにとって保育者は，言葉のモデルとしての役割があることを常に意識しなければならない。保育者は子どもの「今」を受けとめ，うなづいたり顔を見てゆっくりと優しく話しかけたりしながら，わかりやすい言葉や口元の動き，表情や動作などで感動や感情を豊かに表現し伝えることが大切である。

　園での保育内容では，簡単な手遊び，わらべ歌や絵本の読みきかせなどが準備される。また遊具や玩具で遊びながら，保育者との簡単な言葉のやりとりもある。それらが子どもに無理なく取り入れられ，豊かな経験となるよう配慮することが大切である。園で友だちと同じ場で一緒に体験をして「楽しい」，保育者の温かい受容的・応答的なかかわりが「うれしい」と感じるような感情体験が，言葉を獲得するうえで基盤となっていく[13]。乳児期にひととのコミュニケーションや言葉を交わすことの楽しさを味わった経験が，その後の話すことや聞くことへの意欲を育むことにつながるのである。さらに幼児期になると保育者や子ども同士のかかわりのなかで実際に言葉を話したり相手の言うことを聞いたりするような，伝え合う喜びを味わいながら，言葉の世界を広げ子ども自身の世界を広げていくのである[14]。

● 写真 2-4 ●　ちょうちょになって
（１歳児）

● 写真 2-5 ●　読み聞かせのひととき
（１〜２歳児）

子どもはことばを獲得する過程において，自分が愛する，そして自分を愛する人のことばを通して自分のことばをつくっていくという事実の重さはくり返し強調されてもいい。（中略）子どもは，自分がその世界を共有できると信ずる人との話し合いを通して，人間としての交わり方やことばの意味と用法をわがものとしてゆく[15]。

　このことは子どもであっても大人であっても同様ではないだろうか。心に留めておきたいことである。

【引用・参考文献】
1 ）岡本夏木『子どもとことば』岩波書店，1982 年，pp. 1-10
2 ）岡本夏木『ことばと発達』岩波書店，1985 年，pp. 22-30
3 ）小田 豊・芦田 宏編著『保育内容 言葉（新保育ライブラリ）』北大路書房，2009 年，p. 55
4 ）前掲書 2 ），pp. 24-69
5 ）神谷栄司『保育のためのヴィゴツキー理論』三学出版，2007 年，pp. 87-89
6 ）井上健治・久保ゆかり編『子どもの社会的発達』東京大学出版会，1997 年，pp. 188-189
7 ）小林 登『子ども学のまなざし』明石書店，2008 年，pp. 240-241
8 ）前掲書 6 ），p. 188
9 ）前掲書 6 ），pp. 189-190
10）正高信男『0 歳児がことばを獲得するとき』中央公論新社，1993 年，pp. 12-41
11）前掲書 10），pp. 69-71
12）前掲書 10），pp. 101-119
13）厚生労働省『保育所保育指針〈平成 29 年告示〉』フレーベル館，2017 年，pp. 14-15
14）前掲書 13），pp. 27-29
15）前掲書 2 ），p. 38

お薦めの参考図書

① ヴィゴツキー，柴田義政訳『新訳版 思考と言語』新読書社，2001 年
② 正高信男・辻 幸夫『ヒトはいかにしてことばを獲得したか』大修館書店，2011 年
③ 福岡貞子・礒沢淳子編著『乳児の絵本・保育課題絵本ガイド』ミネルヴァ書房，2009 年
④ 神谷栄司訳『ヴィゴツキー・レオンチェフ・エリコニン他 ごっこ遊びの世界―虚構場面の創造と乳幼児の発達』法政出版，1989 年
⑤ 谷川俊太郎 詩，瀬川康男 絵『ことばあそびうた』福音館書店，1973 年

ま と め

1 乳児期の言葉の発達は，社会性の発達や情緒，認知，身体機能の発達など人間の発達のさまざまな領域が重なり関連しあって展開されていく。同時に言葉の獲得は子どもの発達の側面に影響を与える。

2 言葉の発達において生後1年くらいは〈ことば以前〉の時期と表され，言葉の獲得の準備期といえる。岡本は続く言葉の発達の様相を〈ことばの誕生期〉〈一次的ことば期〉〈二次的ことば期〉と分類した。

3 言葉の側面には，コミュニケーションのための言葉〈外言〉と思考のための言葉〈内言〉がある。

4 新生児と母親（養育者）の間では，エントレインメント，共鳴動作など，生得的に持ちあわせているといわれる，前言語的コミュニケーションがみられる。

5 生後9ヶ月くらいになると，相手と同じ対象に目を向けるといった注意の共有がみられ，三項関係が成立する。このことは言葉でのコミュニケーションの基礎となる。

6 乳児は新生児微笑からクーイング，喃語，初語の発現に至る。そこには無意識的な母親（養育者）と子どもとの相互交流がみられる。

7 乳児はCDSのメロディータイプを模倣しようとする。またCDSの語りかけに「うれしい」という情緒反応をみせる。母親（養育者）との情緒的な絆によって，乳児期の言葉の発達が促されていく。

8 保育における乳児期の言葉の獲得は，保育者と子どもが応答し合う関係のなかで，子どもは安心感と信頼関係を土台として発語の意欲が育まれていく。

第3章

幼児期から児童期の言葉の発達

　乳・幼児期は，自分と他のひととが別の存在であること，自分とは異なる他のひとの考えや思いがあることに気がつきはじめると同時に，未分化の時期でもある。そのため，身近なひととのかかわりのなかで，自分の欲求や気持ちを調整し，相手にうまく伝えることができず，ときにはいざこざが起こったりすることもある。そこで本章では，乳児期の知覚・認知的発達をふまえつつ，幼児期から児童期の子どもの言葉がどのように発達するのかをふまえて，子どもがコミュニケーションの基礎となる言葉をどのように学んでいるのかを考えてみたい。

1 子どもの知覚と言葉

（1）乳児の視覚と身ぶり

1）乳児の選好注視

　ファンツ（Fantz）は，生後間もない乳児がいろいろな視覚刺激に対して，ひとの顔や複雑な模様を「選択的」に注視し，選り好みする傾向（**選好注視**）があることを明らかにした（図3-1)[1]。この傾向によって，乳児は生後6ヶ月頃には，自分の養育者とそうではない他者とを，視覚的に識別することができるようになる。生後8ヶ月頃になると，見知らぬひとや慣れないひとが抱っこしようとしたり，あやそうとしたりすると，泣いて嫌がったりする（人見知り）のは，相手が自分の養育者ではないことを明確に識別しているからである。

選好注視

2）選好注視から身ぶりによるコミュニケーションへ

　乳児の選好注視は，養育者が見ているものに対しても向けられる。生

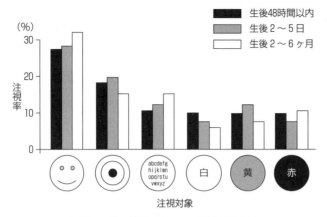

● 図 3-1 ●　刺激パターンに対する注視率
出典：Fantz, R.L., The origins of form perception. *Scientific American*, 204(5), 1961, pp.66-72. より著者作成

後 6 ヶ月頃からは，養育者が見ている外界の対象を追視的に見ることができるようになる。さらに，9 ヶ月頃になると，養育者とものの両方に対して，同時に注意を向けることができるようになる。

　岡本は，子どもと養育者の視線が共通のテーマ（対象）に向く共有化を通して，子どもは言葉で示される意味の世界を理解することができるようになるという[2]。また，麻生は，子どもは自分の要求を養育者に伝えるために，9 ヶ月半頃から対象を指さしたり，手を伸ばすと同時に発声したりすること（身ぶり）ができるようになり，それを基に有意味語が出現するという[3]。このような**身ぶり**とそれにともなう発声が，コミュニケーションの芽生えとなる。

身ぶり

（2）　子どもの言葉

1）初語以前の発声

　子どもの言葉の発達には個人差があるものの，おおむね生後 6 週から 8 週ぐらいになると，乳児の発する音は，**クーイング**（クークーというハトの鳴き声のような発声）や**ガーグリング**（ゴロゴロと喉を鳴らすような発声）といった，生理的な音（げっぷや泣き）とは違う発声がみられる。生後 2 ヶ月以降になると，**喃語**（子音と母音がつながった発声遊び）や**反復喃語**（同じ音の繰りかえしによる発声遊び）がみられ，生後 6・7 ヶ月頃には**ジャーゴン**（母語に含まれる音韻が混じったおしゃべりをしているよう

クーイング

ガーグリング

喃語
反復喃語

ジャーゴン

な喃語）がみられる。これらは，初語以前に見られる「言葉の芽」であり，自発的に発せられるものと，養育者からの働きかけや，外界環境からの刺激（テレビなど）に対する反応として発せられるものがある。谷村らは，長時間テレビ視聴を繰りかえす子どもとそうでない子どもとでは，有意味語の出現に差があり，長時間テレビを繰りかえし視聴している子どもには言葉の発達に遅れが生じることを示した[4]。このようなことをふまえると，望ましい言葉の発達のためには，頻繁に養育者が子どもに話しかけ，あやすといった，生のやりとりが必要であるといえるだろう。

2）初語の出現から多語文への発達

　子どもが発する**有意味語**の出現時期には個人差がある。また，初語の出現後もまだ表象が発生していない**未分化**な状態にあるため，子どもは身ぶりや手ぶりを交えながら，自分の要求や意思を相手に伝えようとする。その場合，子どもが何を伝えようとしているのかを，養育者や周りの大人がじっくりと傾聴しながら応答することが，子どもの言葉の世界を広げることにつながる。このようなやりとりを通して，子どもは自分の要求を相手に伝え，相手と同じ対象を共有できるようになる。おおむね１歳半頃には２語文，その後２歳半から３歳頃までには３語文から多語文を使うことができるようになり，そのころから語彙数も爆発的に増

有意味語

未分化

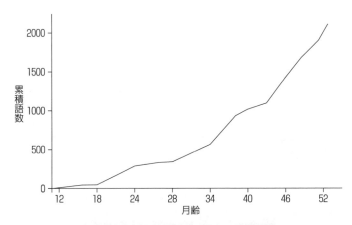

● 図3-2 ● 　各年齢までに発した累積語数
出典：Ganger, J. & Brent, M. R., Reexamining the Vocabulary Spurt.,
Developmental Psychology, 40(4), 2004, pp. 621-632. より著者作成

加するようになる（ボキャブラリー・スパート）。5・6歳頃には約2,100語から2,500語を発するようになるが，個人差も大きい（図3-2)[5]。

ボキャブラリー・スパート

3）言葉の分類

　3歳を過ぎたころから，子どもは目の前にあるもの（対象）を見たり触れたりしながら，いろいろな言葉を発するようになる。このような言葉を**話し言葉**という。その一方で，子どもは幼稚園や保育所で自分の日々の生活に直接かかわる文字環境（たとえば自分の持ち物やロッカーに書かれている自分の名前や，教室など園内の特定の場所を示す文字）と出会い，描画や文字を書くようになる。このような言葉を**書き言葉**という。

話し言葉

書き言葉

　子どもにとって，文字は自分をあらわす「しるし（記号）」であると同時に，自分が感じたことや伝えたいことを表現し残すことができる方法である。子どもが描画や文字に興味を示し始めると，周りの大人も積極的に子どもに文字を教えようとする。そのため，おおむね小学校入学前後には，自分の名前をひらがなで書くことや，描画に対する説明文を書くことができるようになる。このようにして，子どもは話し言葉と書き言葉を併用するようになる。

　岡本[6]は，少数の親しい特定のひととの「いま，ここ」でのやりとりのなかで用いられる話し言葉を「**一次的ことば**」，不特定多数の聴き手に対する発表や，過去の回想，イメージの世界についての話し言葉や書き言葉を「**二次的ことば**」と分類した。「一次的ことば」と「二次的ことば」は，互いに影響しあいながら状況や役割によって使い分けられ，併存するものである。また，話し言葉を使って自問自答をするうちに，以下で述べる外言，内言が成立すると考えた。

一次的ことば

二次的ことば

2　相手に伝えるための言葉

（1）外言と内言

　ヴィゴツキー（Vygotsky, L. S.）は，相手に伝えるための言葉や相手と

の相互交渉の用具となる言葉を**外言**，自分の行動や情動を調整したり問 外言
題を解決したりすることを助ける思考の道具としての言葉を**内言**とよび， 内言
言葉は外言から内言へと発達すると考えた[7]。また，外言が徐々に内化
されて，内言へと移行していく過程が独り言である。独り言は，誰かに
伝えようとしているのではなく，活動中に自問自答しているものが発声
となって表出したものである。

　このような内化の過程において，自分の考えの矛盾に気づき，課題の
特性を把握したうえで問題解決方略を選択するなど，通常の認知よりも
さらに高次な水準の認知を**メタ認知**という。一般的にメタ認知の発達は メタ認知
児童期以降であると考えられているが，その一方でメタ認知の原初的・
萌芽的なものは幼児期にもあるという。藤谷は，幼児期に自分を肯定し，
よりよい自分になりたいと願い，それを方向づけるための「内なる温か
い目」を育むことによって，より望ましい発達支援の可能性があること
から，原初的・萌芽的なメタ認知の重要性を述べている[8]。

　子どもが自分の考えや気持ちを言葉で表現できるようになるためには，
養育者をはじめとした周囲の大人が，子どもの発するひとことひとこと
に耳を傾け，丁寧に応答することが望ましい。

（2）　相手にうまく伝えるために

　子どもが自分の考えや思いを相手に伝えようとするとき，言葉を発す
ると同時に自然と身ぶりや手ぶりを交えることはよくある。身ぶり手ぶ
りは，子どもだけではなく大人にもよくみられるコミュニケーションの
ための身体反応である。これは，より相手に伝わりやすく（わかりやす
く）伝えようとする自発的な行動であり，その効果によって伝え方を調
整できるようになると考えられる。

　園や学校では，子どもが自分の考えや気持ちを相手に伝えるための意
図的な活動を行っている。たとえば，朝夕の挨拶の言葉は，「おはよう
の歌」や，「おかえりの歌」を交えた，音遊びの活動のひとつとして実践
されている。また，「これから〇〇を始めます」「いただきます」「ごちそ
うさま」といった，活動の始まりと終わりを表す言葉には，子どもに一
定の生活リズムと生活習慣を育もうとするねらいがある。このように定

型化された言葉の様式を，毎日の活動や遊びを通して繰りかえすことによって，子どもは儀礼的な行動様式と時間感覚，その場の状況に応じた言葉の使い方，言葉に込められた意味とそれにともなう行動のあり方を学んでいるといってもよいだろう。

3 相手の気持ちや思いを理解する言葉

（1）心の理論

心の理論とは，相手の気持ちを類推したり，相手が自分とは違う信念を持っているということを理解したりする心的機能である。ワイマーとパーナー（Wimmer & Perner）は，「**マクシ課題**」から，3歳から4歳ぐらいの子どもが，相手が誤った信念を持っていることを理解できるかどうかについて検証した[9]。

心の理論

マクシ課題

【課題文】
　マクシは，後で食べようとチョコレートを『緑』の戸棚にしまって遊びに出かけました。マクシがいない間にお母さんは『緑』の戸棚からチョコレートを出して使い，『青』の戸棚にしまいました。その後，マクシが遊びから帰ってきました。
【問い】
　マクシは，チョコレートがどこに入っていると思っていますか。

　正解は『緑』の棚であるが，この問いに対して，3歳の子どもの多くは『青』の棚と答えた。しかし，4歳の子どもの大多数は『緑』の棚と答えることができた。それは，3歳の子どもはマクシの心を想像して，彼の立場では『緑』の戸棚にチョコレートがあると思うはずだということが理解できなかったものの，4歳になると理解できたということである。この結果から，心の理論は子どもが生まれながらにして持っているものではなく，成長・発達にともなって獲得されていくものであり，その境界が3歳から4歳だと考えられている。この課題と類似の課題に「**サリーとアン課題**」がある（図3-3）[10]。

サリーとアン課題

これはサリーです。　　　　　これはアンです。

サリーは，カゴをもっています。　アンは，箱をもっています。

サリーは，ビー玉をもっています。サリーは，ビー玉を自分のカゴに入れました。

サリーは，外に散歩に出かけました。

アンは，サリーのビー玉をカゴから取り出すと，自分の箱に入れました。

さて，サリーが帰ってきました。　　サリーは自分のビー玉で遊びたいと
　　　　　　　　　　　　　　　　　思いました。

サリーがビー玉を探すのは，どこでしょう？

● 図 3-3 ● サリーとアン課題

　このような**誤信念課題**について，バロン・コーエン（Baron-Cohen）は
自閉症の子どもの正答率が低いことを示し，心の理論の欠如という観点
から，自閉症の特性についての研究を行った[11]。心の理論が獲得される
ことによって，子どもは相手に対する思いやりの心を育み，集団のなか
で自分の役割を見出し，それを言葉で表現することができるようになる
と考えられる。

誤信念課題

● 表3-1 ● コールバーグの道徳性の発達段階

● 表3-1 ● コールバーグの道徳性の発達段階

水準	段階
1）前慣習的水準	① 罰と従順志向：善悪の判断は権威のあるものからの罰の有無による
	② 快楽主義（自己本位）志向：自分の欲求や利益を満たすものが善である
2）慣習的水準	③ よい子志向：誰かからほめられたり，喜ばれたりするような判断をする
	④ 法と秩序志向：きまりやルールに従うことが絶対的に正しい
3）脱慣習的水準	⑤ 社会的契約志向：きまりやルールは相対的なもので，場合によっては変更できる
	⑥ 普遍的原理思考：生命の尊重や平等性，公正であることが判断基準であり，それが損なわれる場合は，きまりやルール違反も認める

出典：Kohlberg, L., The development of children's orientations toward a moral order, I; Sequence in the development of moral thought. *Vita Human*, 6, 1963, pp. 11-33. より著者作成

（2） 社会性の発達

社会性とは，ひとが社会に参画し生きていくために必要とする心理的特性であり，他者や集団とかかわるなかで子どもに育まれなければならないものである。とくに善悪の判断基準と様式（道徳性）や，他者を思いやり助けようとする行動傾向（**向社会性**）は，幼児期から育むことによって，児童期以降の人格形成にも影響を及ぼすことになる。

コールバーグ（Kohlberg, L.）は「○○をしてもよいか，よくないか」という善悪判断の側面から，**道徳性**の発達段階について，3水準6段階で示した（表3-1）[12]。また，アイゼンバーグ（Eisenberg, N.）は，自分の要求と他者の要求との葛藤場面において他者をどのように援助することができるか，という課題文の判断から，向社会性判断の発達には，快楽主義志向，他人の要求志向，承認と対人的志向，共感志向，移行段階，内面化段階の6つの段階あることを示した。

相手の気持ちや思いを理解するためには，言葉の発達だけではなく，相手の置かれている立場や状況についても類推し理解する能力が必要である。いざこざや葛藤場面において，言葉を用いて相手に説明し，問題解決をはかることは，対人コミュニケーションの基本でもある。言葉には，自己主張だけではなく，相手を思いやり，ひととひとをつなぐ力があり，言葉の発達によって子どもの社会性が育まれるといえるだろう。

社会性

向社会性

道徳性

【参考文献】

1）Fantz, R. L., The origins of form perception. *Scientific American*, **204**(5), 1961, pp. 66-72.

2）岡本夏木『子どもとことば』岩波書店，1982 年，pp. 48-64

3）麻生 武『身ぶりからことばへ―赤ちゃんにみる私たちの起源』新曜社，1992 年

4）谷村雅子・高橋香代ほか「乳幼児のテレビ・ビデオ長時間視聴は危険です」『日本小児科学会雑誌』**108**(4)，2004 年，pp. 709-712

5）Ganger, J. & Brent, M. R., Reexamining the Vocabulary Spurt., *Developmental Psychology*, **40**(4), 2004, pp. 621-632.

6）岡本夏木『ことばと発達』岩波書店，1985 年，p. 52

7）ヴィゴツキー，L. S., 柴田義松訳『思考と言語 上・下』明治図書，1962 年

8）藤谷智子「幼児期におけるメタ認知の発達と支援」『武庫川女子大学紀要』**59**，2011 年，pp. 31-42

9）Wimmer, H. & Perner, J., Beliefs about beliefs: Representation and constraining function of wrong beliefs in young children's understanding deception, *Cognition*, **13**, 1983, pp. 103-128.

10）Frith, U., Autism: Explaining the enigma. Oxford: Blackwell, 1989.（フリス，U., 冨田真紀・清水康夫訳『自閉症の謎を解き明かす』東京書籍，1991 年）

11）Baron-Cohen, S., *Mind blindness; An essay on autism and theory of mind.* Cambridge: MIT Press. 1995.（長野 敬・長畑正道・今野義孝訳『自閉症とマインド・ブラインドネス』青土社，1997 年）

12）Kohlberg, L., The development of children's orientations toward a moral order, I; Sequence in the development of moral thought. *Vita Human*, **6**, 1963, pp. 11-33.

お 薦 め の 参 考 図 書

① 秋田喜代美・三宅茂夫監，秋田喜代美・砂上史子編『子どもの姿からはじめる領域・言葉 シリーズ知のゆりかご』みらい，2020 年

② 日本赤ちゃん学協会編，小椋たみ子・遠藤利彦ほか『言葉・非認知的な心・学ぶ力』中央法規，2019 年

③ 大橋喜美子・川北典子編著『保育内容 指導法「言葉」―乳幼児と育む豊かなことばの世界』建帛社，2019 年

④ 石上浩美・矢野 正編著『教育心理学―保育・学校現場をよりよくするために』嵯峨野書院，2016 年

⑤ 無藤 隆・岡本祐子ほか編『よくわかる発達心理学［第 2 版］やわらかアカデミズム・〈わかる〉シリーズ』ミネルヴァ書房，2009 年

ま と め

1 乳・幼児期は自己中心性の時期であるが，自他の違いや自分とは異なる他のひとの
考えや思いがあることに気がつきはじめる時期でもある。

2 選好注視とは，他者と関心を共有する事物や話題へ注意を向けるように行動を調整
する能力のことである。

3 身ぶりとそれにともなう発声は言葉の芽であり，コミュニケーションの基盤となる。

4 話し言葉とは，子どもが目の前にあるものを見たり触れたりしながら発する言葉で
ある。また書き言葉とは，子どもが日々の生活のなかで文字環境と出会うことによって，
文字で表現される言葉である。

5 外言とは，相手に伝えるための言葉や相手との相互交渉の用具となる言葉である。
また内言とは，自分の行動や情動を調整したり問題を解決したりすることを助ける思
考の道具としての言葉である。

6 心の理論とは，相手の気持ちを類推したり，相手が自分とは違う信念を持っている
ということを理解したりする心の機能である。

7 社会性とは，ひとが社会に参画し生きていくために必要とする心理的特性であり，
他者や集団とかかわるなかで子どもに育まれなければならないものである。幼児期か
ら道徳性と向社会性を育むことは重要であり，それは言葉を媒介としてなされるもの
である。

第4章

手段・道具としての言葉

　子どもは，家庭や幼稚園・保育所，学校等自分が属する場や集団において，家族や他の子ども，保育者・教師といった身近な大人とかかわりながら生活している。子どもの日常はさまざまな体験の連続であり，身近な他者と体験を共有しながら生活しているといえるだろう。この章では，子どもが日常生活のなかで体験したことを，どのように他者に伝えようとするのか，手段・道具としての「言葉」の表現について考えてみたい。

1 子どもにとっての体験

（1）体験とは

　体験とは，対象や活動に対して，何らかの目標を持って主体的にかかわった結果として得られる，個人的な意識や認識の総称である。体験をおおまかに区分すると，次の3つに分類することができる。

体験

---

① 身体感覚をともなって対象と直接かかわる直接体験
② メディア機器などの媒介物を通して感覚的にかかわる間接体験
③ シミュレーションやモデルなどを通じて模擬的にかかわる擬似体験

　一方，体験活動とは，「自然教室や臨海学校のように，それ自体，目標や指導計画，指導体制，全体の評価計画などを持つ，まとまりのある教育活動」（文部科学省）の総称である。一般的に子どもは，「自然にふれる体験をした時に勉強をやる気になる，自然体験が豊富な子どもほど道徳観，正義感が充実する」という。

（2） 子どもが体験活動に参加する意義

　セルマン（Selman, R. L.）は，子どもが地域の体験活動プロジェクトに参加することは，子どもの自主性，社会性，共同性，リーダーシップ能力の発達に影響を及ぼすことを示した[1]。また，ハート（Hart, R. A.）は，「人の人生や人が暮らすコミュニティの生活に影響を与える意思決定を共有するプロセス」を子ども参画と定義し，その発達段階を「**参画のはしご**」として8段階で示した（図4-1）[2]。ハートは，はしごの下から3番目の「形式的参画」より下の部分は子どもが本当に参加しているとはいえず（非参画），「与えられた役割の内容を認識した上での参画」よりも上の5つの部分が真の子どもの参画であると主張している。これは，子どもが活動に参加する意味合いをどのようにとらえているのかを，発達的な視点から示したものである。

参画のはしご

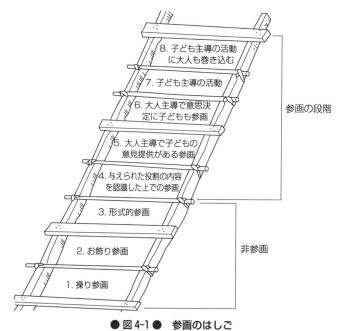

● 図4-1 ●　参画のはしご

出典：Hart, R. A., CHILDREN'S PARTICIPATION: The Theory and Practice of Involving Young Citizens in Community Development and Environmental Care, 1997. （木下 勇・田中治彦ほか監，IPA 日本支部訳『子どもの参画―コミュニティづくりと身近な環境ケアへの参画のための理論と実際』萌文社，2000 年）

　1．操り参画：「欺き参画」ともいう。子どもはお菓子などのご褒美につられて活動に参加している。

2．お飾り参画：子どもが自分の参加の意味をよくわからないまま活動に参加
　している。
3．形式的参画：子どもが，自分に与えられたプログラムやシナリオ通りに参
　加している。
4．与えられた役割の内容を認識したうえでの参画：子どもは，発言したり，
　決定に参加したりすることはできないが，何のために自分が参加しているの
　かは理解している。
5．大人主導で子どもの意見提供がある参画：決定権は大人が握っているが，
　子どもは発言することができる。
6．大人主導で意思決定に子どもも参画：子どもが発言でき，最終的な決定を
　大人と子どもが共同で行う。
7．子ども主導の活動：子どもが活動を企画・運営し，評価をする。子どもの
　普段の遊びは，ほとんどがこれに相当する。
8．子ども主導の活動に大人も巻き込む：子どもが活動を企画・運営する活動
　に大人が協力者として参加する。

　ハートは，子どもの参画は，**地域コミュニティ**そのものの変革・活性　　　　**地域コミュニティ**
化につながるという。子どもは当初は大人に言われるままさまざまな活
動に参加しているが，参加体験を積み重ねるにつれて，徐々に自分たち
の活動世界を作り上げ，大人を巻き込むことによって自分たちが体験活
動に参加する意義を見出しているとも考えられる。それは，子どもが自
立するための第一歩であり，一定の教育的効果や意義があると考えられ
る。

2 快・不快の感情表出と言葉

（1）感情とは

1）快感情

　快感情とは，楽しさやうれしさ，得意，期待，緊張など，気持ちが高　　　　**快感情**
揚することによって心地よいと感じる感情のことである。子どもが自分
の持ちものや自分が作った作品（積み木やお絵かきなど），園庭で拾った
もの（ドングリや落ち葉，虫など）を，親や保育者といった大人に見せび
らかし，自慢しようとすることはよくある。それは，ものや作品を媒介

として，自分の気持ちや成功体験を大人に伝えようとする欲求や意図が
あるからである。子どもは大人に認められることによって喜び，自分の
存在や行為を価値あるものとして確認でき，さらにやる気が出てくる。

　このような子どもの快感情の表出を大人がしっかり受けとめ，それを
正当に評価することによって，子どもは自分の体験を語ることを肯定的
にとらえることができるようになる。子どもは大人とのやりとりによる
快感情体験の積み重ねを基に，言葉を媒介とした子ども同士のやりとり
やかかわりもできるようになり，子ども同士の独自の世界を作っていく。

２）不 快 感 情

　不快感情とは，怒りや悔しさ，悲しみ，つらさ，恥ずかしさ，不安な 不快感情
どによって，気持ちが高ぶったり沈んだりする気持ちの揺れや不愉快な
感情のことである。

　子どもは，自分の欲求が十分に満たされていないときや，幼稚園や保
育所といった集団生活の場において，他の子どもとのやりとりやかかわ
りのなかで，常に自分の欲求が最優先ではないことを体験する。そして，
家庭では許されていたことが，園や学校ではそのまま通用しないことを
体験し，自分の欲求を抑えて我慢しなければならない場面に遭遇したと
き，驚きや，戸惑いを感じるだろう。たとえば，お気に入りのおもちゃ
を他の子どもに取られたり，遊具を使う順番を守らなかったといったル
ール違反を指摘されたりといった，些細な出来事からも不快感情が生ま
れ，それが子ども同士のいざこざや喧嘩に発展することもある。

（2）　感 情 と 言 葉

１）感情表出としての言葉

　子どもは不快感情を体験したとき，その状況を解消するために，泣い
たり，怒ったり，ものや身近なひとにやつあたりすることによって，周
囲に自分の不満を示そうとする。その一方で，不快感情を我慢したり，
その場や状況から逃避したり忘れようとしたりすることによって，自分
の気持ちをおさめようとすることもある。これらは子どもなりの**自我防** 自我防衛機制
衛機制である。子どもにとって，不快感情を自分一人で調整・処理する

ことは簡単なことではないだろう。そのため，ぐずったり，泣いたり，暴れたりと大騒ぎになるが，数分後にはけろっと機嫌が直っていたりする。このような子どもの感情起伏の激しさに，周囲の大人がびっくりさせられることもある。それは，子どもの不快感情は単純なものばかりではなく，嫌な気持ちをうまく伝えることができないために態度で示されるからであろう。

２）子どもの感情表出に対する対応

　子どもの快・不快感情は，必ずしも言葉で表現されるものではない。むしろ，うまく言葉では表現できない感情表出による子どもの行動は，周囲からは自分勝手なわがままや乱暴な行為というように捉えられがちである。

　このような子どもの**情緒的混乱**に対して，周囲の大人は，子どもの言い分にじっと耳を傾け，子どもの気持ちが落ち着くのを待つ必要がある。そして，**スキンシップ**や**共感姿勢**を示しながら，子どもの気持ちに寄り添い，子どもが自分の気持ちを言葉で表現することができるように支援することが望ましい。

情緒的混乱

スキンシップ
共感姿勢

3 手段・道具としての言葉

（1）体験の共有

　体験の共有は，大まかには ① 体験の場に参加し，その場で起こった出来事を他の参加者と共有する（たまたま同じ体験に参加していた参加者同士が，プログラムの遂行上必要な協同作業や役割を分担する）という，体験の場や出来事の共有と，② 後日，過去の体験について個別にまたは集団でふりかえり，それを描画や言葉で表現したものの共有の２つに分類できるだろう。

● 写真 4-1 ●　水田に入っていく参加者　　　● 写真 4-2 ●　田植えをする参加者

1）体験の場の共有

　石上・大仲・高橋は，Ｘ大学構内に親子参加型体験学習「放課後ものづくり教室」第Ⅲ期に，Ｓ市水田において稲作体験活動を実施した[3]。この活動は，田おこしから田植え・水田管理（治水と雑草・害虫駆除），収穫と消費といった通年のプログラムであり，固定メンバーが１年を通して継続的に参加していた。

2）体験した出来事の共有

　写真 4-1 では，子どもと親，教員志望の大学生が，実際の水田に足を踏み入れ，田植えの準備をしているところである。ほぼ全員が恐る恐る水田に入り，指定された場所に移動しようとするが，泥に足をとられてなかなかうまく進むことができない。写真 4-2 は，手作業で田植えを行う様子である。両端にいる地元の大人２名がひもでイネを植える位置を示し，参加者はひと束のイネを植えると一歩後退するという作業を，根気よく繰りかえさなければならない。この作業は子どもにとってはきつい作業である。途中で嫌になった子どももいたようだが，参加者が一列に並んでいるため途中で抜け出すことはできず，我慢しながら参加していた。なかには転んで泥だらけになっている子どももいた。

　田植え作業完了後の参加者の表情は非常に明るく，笑いが絶えなかった。これは，体験の場を共有することによって，参加者間に連帯意識が芽生え，やり遂げたという達成感が得られたからであろう。

（2）　ふりかえりの共有

　体験のふりかえりは，過去の出来事について想起し，自分にとってど

のような意味のある体験であったのかを問い直す作業である。それは，体験した出来事の事実関係だけを示したものではなく，想起時に新たな意味がつけ加えられた物語となって表現されることもある。石上・大仲・高橋は，同一の活動に参加していた子どもが，自分が過去に体験した出来事についてどのようなことを語るのかを明らかにするためにインタビュー調査と描画調査を行った[4]。

1）A児（女児）のインタビューから

A児（女児・3年生）の語り

〈2006年6月：S市の水田での田植え体験について〉

　ジャンボタニシのピンク色の卵とか，はさみ虫とか，カタツムリの干からびたのとか，いっぱいみつけて。（どんな様子だったのかと尋ねられて）固まってた。生きてるのか死んでるのかよくわからなかった。（触ってみた感触は）全然，大丈夫。触れた。カタツムリみたいな感じで。甲羅はけっこう硬くて，（中は引っ込んでたから）見えなかった。

〈実際に水田にはだしで入った感触について〉

　田んぼは（今までに）入ったことなかったから…。思っていたより，うーん，結構深いなあって。（足が）ずぼっと入ったから。最初はちょっと気持ち悪かったけど，だんだん慣れてきて，全然気にせえへんで。（田んぼは）温かい感じがした。（途中で）ちょっと腰が痛くなったけど，（田植えの作業を）やっているうちに楽しくなって。何か。いろいろな虫とかもいるし。しんどい（と感じること）のもあったけど，おもしろいなあって。

〈一部の子どもが途中から作業をさぼって遊びだしたことについて〉

　べつにいい。私も遊びたい気持ちもあったけど，やっぱり，私は手を抜いたらあかんし。なんか，大変なことになるから。（何が大変なことなのかと尋ねられて）手を抜いたら（田んぼの）一部だけ（イネが）はえてなかったりしたらへんやから。

〈作業終了後おやつをいただいていた時のことについて〉

　O先生のおうちには，（A児の自宅にはない）蔵とかキジのはく製なんかの（置物などの），先生の大切なものがいろいろあった。おうちに入っていったらすぐ（仏壇で）T君が拝んでた。私の家には（仏壇が）ないけれど，みんな，T君の後ろに並んで，おんなじことをしてて，あーそうするもん（仏壇は拝むもの）やって。それで（私も）そうした。

この語りはＡ児が３年生のときに参加した田植え体験について語った
ものであり，田植え作業中の出来事と，作業終了後の出来事について語
っている。Ａ児は，自分が発見した水中生物や活動に対する自分の想い
や，作業後の参加者集団の様子について，流暢^{りゅうちょう}ではないが一生懸命イ
ンタビュアーに伝えようとしている。また，田植えの作業をさぼってい
る他の子どもに対する想いや，活動における自分の役割や信念を，イン
タビュアーにわかりやすいように工夫しながら語っている様子がうかが
えた。これは，話し手と聴き手による体験の共有である。

２）Ｂ児（男児）の絵日記から

　Ａ児と田植え体験の場を共有していたＢ児は，次のような描画で自分
の体験を表現した。

 CASE

Ｂ児（男児・５年生）の描画と記述

　今日は田植えをしました。最初田んぼは深そうに見えたけど意
外に深くありませんでした。ですが，数回深みにはまってしまい
ました。そこなし沼みたいでした。稲のたばは，根っこまでちぎる
ところが難しかったです。そして無事田植えをおえて帰ろうとし
たときカエルを見つけました。そのカエルは家にもって帰りました。
とっても楽しかったです。

● 図4-2 ●　Ｂ児の「きょうのえにっき」

　上記 CASE は，Ａ４用紙を縦に使い，田植えの様子を描き，その下に
文章で説明を付け加えたものである。水田の様子を「そこなし沼みた
い」と比喩的に表現している。これは，水田に足を踏み入れたときの深
さが，自分が予想していた以上のものであったことを，そのときの感覚
で描いたと考えられる。また，この描画は田植え作業中の様子を想起し
て描いたものであるが，イネ以外にも水田のなかには足跡が３つと，水
中の生物が描かれており，用紙上部にはひとが５人並んでいる。これら
について，後日インタビュアーがＢ児にたずねると，先頭がＢ児でその
後ろが妹，中央の２人が他児で右端が母親であり，最上部の４つの塊を

「イネのたば」と説明した。

3）体験を意味づけるための手段・道具としての言葉

　A児とB児は，体験の場を共有していたが，体験のふりかえりについ
ての語りや描画内容は全く異なるものであった。それは，それぞれにと
っての体験のふりかえり方やそのときの状況，体験の意味づけの仕方に
違いがあるからである。

　A児はインタビュアーの質問をきっかけに自分の体験をふりかえり，
それをインタビュアーに伝わるように語っていた。それは，事実関係を
説明しているというだけではなく，語りながら体験を捉え直し，新たに
意味づけを行っていたといえる。一方，B児は絵日記を描くために自分
が過去に体験した出来事を内省し，それを描画と文章で表現していた。
それは，「今ここにあるもの」を描いたものではなく，B児のイメージ
の世界である。

4 手段・道具としての言葉表現

（1）話し言葉による表現

　日常会話場面に用いる言葉で，話し手と聴き手が同じ時間と場を共有
しているときに，相手に「音声で伝える」ときに用いる言葉である。音
声以外にも身ぶり手ぶりで示すこともできるため，単語が省略されてい
ても大意は伝わりやすい。A児の事例は，話し言葉を文章化したもので
ある。

（2）書き言葉による表現

　自分のメモや日記，誰かにあてた手紙，課題レポートや報告など，誰
かが読むことを想定して記述された文章として用いる言葉であり，相手
に文字で伝えようとするときに用いる言葉である。誰が読んでもわかり
やすい文章にするためには，文章の主述呼応や修飾関係を整える必要が

ある。B児の事例では，基本的には書き言葉を用いているが，「ですが」のような話し言葉が混在している。これは「いま，ここ」には存在しないイメージについて言葉で説明しようとするためである。

　体験をふりかえり，それを新たに意味づけ，言葉で表現するということは，園や学校における意図的な教育活動としてよくあることである。ただ，子ども自身が自発的に自分の体験した出来事や想いについて，誰かに伝えようとするときに，体験は言葉で表現され，より明確なものになるのかもしれない。自分の体験について自分の言葉で表現することは，子どもの言語発達上，とても重要なことである。

【引用文献】
1 ）Selman, R. L., The Growth of interpersonal Understanding: Developmental and Clinical Analyses, New York: Academic Press, 1980.
2 ）Hart, R. A., CHILDREN'S PARTICIPATION: The Theory and Practice of Involving Young Citizens in Community Development and Environmental Care, 1997.（木下勇・田中治彦ほか監，IPA 日本支部訳『子どもの参画―コミュニティづくりと身近な環境ケアへの参画のための理論と実際』萌文社，2000 年）
3 ）石上浩美・大仲政憲・高橋 登「稲作体験活動から子どもが学んだこと」『国立青少年教育振興機構青少年教育フォーラム研究紀要』第 9 号，2009 年，pp. 13-26
4 ）石上浩美・大仲政憲・高橋 登「稲作体験活動への参加による学び」『こども環境学研究』7 号 1 巻，2011 年，pp. 79-85

お薦めの参考図書

① 小松 歩編著『遊び心でコミュニティーの再生を―世代を超えて子どもの発想に学ぶ地域づくり』新読書社，2021 年
② 吉永早苗『「音」からひろがる子どもの世界』ぎょうせい，2021 年
③ 麻生 武『兄と弟の3歳 仲間の世界へ』ミネルヴァ書房，2021 年
④ 藤崎亜由子・羽野ゆつ子ほか『あなたと生きる発達心理学―子どもの世界を発見する保育のおもしろさを求めて』ナカニシヤ出版，2019 年
⑤ 鯨岡 峻・鯨岡和子『エピソード記述で保育を描く』ミネルヴァ書房，2009 年

ま と め

1 体験は，身体感覚をともなって対象と直接かかわる直接体験，メディア機器などの媒介物を通して感覚的にかかわる間接体験，シミュレーションやモデルなどを通じて模擬的にかかわる擬似体験の3つに分類できる。

2 子どもが体験活動に参加することは，子どもの自主性，社会性，共同性，リーダーシップ能力の発達などに影響を与える。

3 地域活動への子どもの参画は，地域コミュニティそのものの変革・活性化につながるとともに，子どもが自立するための第一歩として，一定の教育的効果や意義があると考えられる。

4 快感情とは，気持ちが高揚することによって心地よいと感じる感情のことである。また，不快感情とは，気持ちが高ぶったり沈んだりする気持ちの揺れや不愉快な感情のことである。

5 子どもの情緒的混乱に対して，周囲の大人は，子どもの言い分に耳を傾け，子どもの気持ちが落ち着くのを待ち，スキンシップや共感姿勢を示しながら，子どもの気持ちに寄り添い，子どもが自分の気持ちを言葉で表現することができるように支援することが望ましい。

6 体験の共有には，体験の場に参加し，その場で起こった出来事を他の参加者と共有する場や出来事の共有と，後日，過去の体験について個別にまたは集団でふりかえり，それを描画や言葉で表現するふりかえりの共有がある。

7 体験の意味づけとは，今ここにあるものを表現したものではなく，自分が体験した出来事についてのイメージの世界を表出したものである。

第 5 章

言葉の獲得に関する領域「言葉」と他4領域との関係

　たとえば，公共の場や交通機関内において大泣きしている赤ちゃんがいたとしよう。親や養育者は周囲への配慮から，泣き止ませようとあやしたり，抱き上げたり，笑いかけたり，語りかけたりしているだろう。しかし，一向に泣き止まず，なぜ泣いているのかわからず困り果て，途方に暮れている親や養育者の姿を目の当たりにすることは珍しいことではない。このような場面に遭遇したとき，みなさんはそれをどのように理解し，働きかけることができるであろうか。それを知るために，本章では，乳・幼児期の身体，知覚・認知・言語機能の発達，および対人関係，子どもを取り巻く環境世界の広がりと，子どもの「言葉」の獲得・発達との関連性に関する基礎理論を整理する。そして，第2章から第4章の内容を俯瞰的に総括し，保育内容領域「言葉」と，他の4領域との関係について示してみたい。

 1 身体機能の発達と「言葉」

（1）　乳・幼児期の身体機能発達

　新生児誕生時の身体の大きさはおおむね身長 50 cm，体重 2,000 g 程度である。以下，**乳児・幼児別発育成長曲線**を図 5-1 に示す[1]。一方，一般調査による乳・幼児の**運動機能通過率**を経年比較したものを，図5-2 に示す[2]。

　運動機能通過率は，おおむね各月・年齢乳児の 90％ができるようになる行動を示したものである。「首のすわり」は生後 4 ～ 5 ヶ月未満，「ねがえり」は生後 6 ～ 7 ヶ月未満，「ひとりすわり（坐位）」と「はいはい」は生後 9 ～ 10 ヶ月未満である。そして，「つかまり立ち」は生後 11

乳児・幼児別発育成長曲線
運動機能通過率

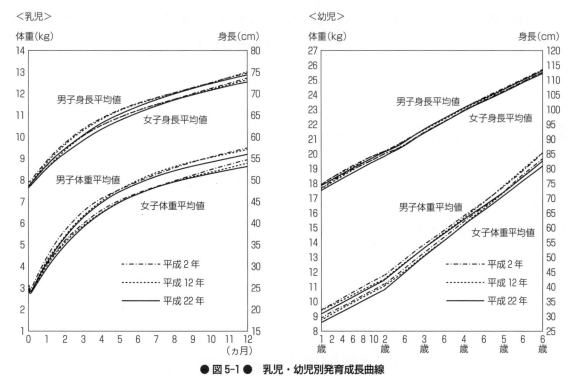

● 図 5-1 ● 乳児・幼児別発育成長曲線

出典：厚生労働省「平成 22 年乳幼児身体発育調査の概況について II 調査結果の概要」p.7（https://www.mhlw.go.jp/file/04-Houdouhappyou-11901000-Koyoukintoujidoukateikyoku-Soumuka/kekkagaiyou.pdf, 2021 年 11 月 10 日閲覧）

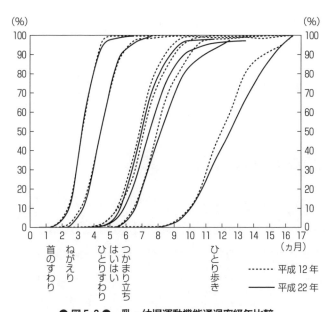

● 図 5-2 ● 乳・幼児運動機能通過率経年比較

出典：前掲図 5-1, p.11（2021 年 11 月 10 日閲覧）

〜12ヶ月未満，さらに「ひとり歩き」は生後1年3〜4ヶ月未満の幼児の90%以上ができるようになる。これらの数値は**定形発達水準**とされているが，身体機能の発達には，遺伝的な要因による個体差・個人差もある。この点について留意しながら，発育・発達支援を行う必要がある。

定形発達水準

（2） 身体機能の発達と「言葉」の関係

　身体発育が拡張するにつれて，乳児は自分の身体を自由に取り扱うことができるようになる。そして，自分の欲求や感情を，自分の身体と発声・発語を用いて表現できるようになる。泣き声はその一例であり，2ヶ月を過ぎたころからは，泣き声以外のさまざまな音や発声も見られるようになる（第2章pp.20-21参照）。これは，身体の中心—末梢部位機能の発達と随伴しながら構音（発音）機能が発達するためである。**構音**とは音を作る過程のことであり，音や言葉を発するためには，関係器官（肺・声帯・口唇・舌・下あごなど）の連動した自然な運動が必要となる。そして1歳になる頃には初語が見られる。これらの器官のいずれかにおける発育不全などによって，発音・発声や言葉が不明瞭な症例が構音障害である。

構音

2 知覚・認知・情動機能の発達と「言葉」

（1） 乳・幼児期の知覚・認知・社会性の発達

　乳児発達研究では，胎児には音が聞こえ，生まれて間もない赤ちゃんであっても，健常な赤ちゃんには目が見える，耳が聞こえると考える。たとえば，生後2〜3ヶ月頃でまだ寝返りができず，仰向けに寝ている赤ちゃんの目の前でおもちゃを上下左右に動かしたり，鈴などを鳴らしたりしたとする。赤ちゃんの眼球はおもちゃを追視し，声をあげたり手を伸ばしてつかもうとしたりする。これは，ファンツ（Fantz）の**選好注視**実験[3]（第3章pp.25-26参照）と同様に，赤ちゃんが外界にあるものや音に対して興味・関心を持っていることを示すもので，一般家庭における

選好注視

やりとりでもよく見られることである。

　また，ギブソン（Gibson, E. J.）とウォーク（Wark, R. D.）による**視覚的断崖装置実験**（ガラス板の下に模様があり，途中から模様が床面に下げられることによって奥行のある見え方となる机）では，机上に赤ちゃんを乗せ，対面から名前をよびかけ，はいはいを促した。赤ちゃんはよばれた方向へと移動し始めるが，途中奥行きが見える部分で動きを一旦停止し，戸惑ったり，母親を呼んだり，泣き出したりしたという。このことから，はいはいができる時期の乳児は奥行きがわかり（知覚・認知），不安や危険を感じ（情動），行動を制御する判断（行動）ができるということが示された[4]。

（2）　知覚・認知・情動機能の発達と「言葉」の関係

　情動とは，一時的で急激な感情のことであり，乳児の泣きやむずがりの要因のひとつである。乳児の表情やしぐさ，身体の動き，泣きや前言語的発声は，快・不快や興味・関心と密接なつながりがある。ブリッジズ（Bridges）によると，新生児の感情は興奮の有無から快・不快に分かれ，生後6ヶ月頃には不快から怒り・嫌悪・恐れへと分化する。そして，1歳頃には快から愛情・得意へと分化し，ひととしての**基本的感情**が育つ[5]。一方，ルイス（Lewis）によると，新生児は誕生直後から快・不快・関心の3つの感情を持ち，生後3ヶ月頃には喜び，驚き，悲しみ・嫌悪へと分化，生後6ヶ月頃には怒り・恐れが派生し，基本的感情（**一次的感情**）が表出するという。さらに，1歳半〜2歳頃には照れ・妬み・共感が見られ，3歳頃になると自分と他者の違いや社会的な基準・ルールに対する認識が生まれ，自信や誇り・恥・罪悪感など（**二次的感情**）が生じる[6]。

　乳・幼児は，自分の欲求や気持ち（感情）を相手に伝えるために，表情やしぐさ（行動）だけではなく，前言語的な音や発声を用いてコミュニケーションを図っている。保育者には，このような知覚・認知・情動の基礎知識を理解したうえで，発達要因には遺伝的要因だけではなく，人的・物的環境要因もあることをふまえた保育計画・実践，適切な保育環境構成，子ども・子育て支援が求められている。

3 保育内容領域「言葉」と他の4領域との関係性

（1）あらためて保育内容領域「言葉」のねらい

　幼稚園教育要領解説第2章 ねらい及び内容 第2節 各領域に示す事項 4 言葉の獲得に関する領域「言葉」は以下の通りである[7]。

> (1) 自分の気持ちを言葉で表現する楽しさを味わう。
> (2) 人の言葉や話などをよく聞き，自分の経験したことや考えたことを話し，伝え合う喜びを味わう。
> (3) 日常生活に必要な言葉が分かるようになるとともに，絵本や物語などに親しみ，言葉に対する感覚を豊かにし，先生や友達と心を通わせる。

　ひととひととのかかわりにおいては，話し言葉や書き言葉だけではなく「見つめ合ったり，うなずいたり，微笑んだり」することによって，自分の欲求や感情，想いや意志を相手に伝えようとする。このような手法を**非言語的コミュニケーション**（nonverbal communication）という。いわゆる「阿吽（あうん）の呼吸」ともいえるが，それが可能になるのは，ある程度の時間をかけて相互に理解し合い一定の信頼関係があるためである。このような手法は，子どもの世界だけではなく，大人のコミュニケーションのなかにも多数存在する。

非言語的コミュニケーション（nonverbal communication）

　言葉の獲得途上にある乳・幼児の場合，大人のようにはうまく話せないこと，相手に自分の想いをうまく伝えられないこと（**コミュニケーション・ギャップ**）は日常的にある。それに対する不満や苛立ちによるフラストレーション，それに起因する行き違い，子ども同士のいざこざも生じやすい。これらを解消するためには，「言葉で表現する楽しさを味わう」こと，「話し，伝え合う喜びを味わう」こと，「言葉に対する感覚を豊かにし，先生や友達と心を通わせる」体験の積み重ねが，保育計画・実践上，極めて重要な意味合いを持つ。さまざまな遊びや体験場面において，楽しさや喜びを味わう手段として言葉は有効な手段となり得

コミュニケーション・ギャップ

るからである。

このような言語的手段は，他の4領域のねらいや内容においても領域「言葉」と共通する点はいくつかある。以下，それらを整理する。

（2） 領域「健康」について

内容(1)では，「先生や友達と触れ合い，安定感をもって行動する」とある。また，内容の取扱い(3)では，「自然の中で伸び伸びと体を動かして遊ぶことにより，体の諸機能の発達が促されることに留意し，幼児の興味や関心が戸外にも向くようにすること」とある[8]。これをふまえると，子どもが「他児や保育者と触れ合い，伸び伸びと体を動かして遊ぶ」ためには，自分の興味・関心の対象を広げることや，遊びのルールや役割を言語的に理解する必要がある。遊びの場面で，場合によっては，子どもの気持ちや言い分を，保育者が代弁することも求められる。

（3） 領域「人間関係」について

内容(1)では，「先生や友達と共に過ごすことの喜びを味わう」とあり，子どもにとって園は「自分を温かく受け入れてくれる教師との信頼関係を基盤」にした自分の居場所である。また，「初めは同じ場にいるだけだった他の幼児と言葉を交わしたり，物のやり取りをしたりするなど，関わりが生まれる」ことによって，「様々な自己主張のぶつかり合いによる葛藤，教師や友達と共にいる楽しさや充実感を味わい，次第に皆と生活をつくり出していく喜びを見いだしていく」とある。さらに内容(5)「友達と積極的に関わりながら喜びや悲しみを共感し合う」，および内容(6)「自分の思ったことを相手に伝え，相手の思っていることに気付く」とある[9]。乳・幼児期は，ピアジェのいう感覚—運動から前操作的な発達段階期であるため，自分の感情や衝動性を自分でなだめ，言葉で説明することが難しいかもしれない。泣きや興奮場面においても，身近な大人や保育者が子どもの話に耳を傾け，スキンシップなど非言語的なコミュニケーション手法も併用しながら，子どもの気持ちを落ちつかせようとすることは，日常保育場面においてよく見られることである。このような身近な大人や保育者とのやりとりから，子どもは自分が大切に扱わ

れていることを体感することができるようになる。「話すこと」と「聞くこと」は，話し言葉の世界から始まり，言語獲得過程においては必要不可欠な活動である。

（4） 領域「環境」について

　ねらい(3)では，「身近な事象を見たり，考えたり，扱ったりする中で，物の性質や数量，文字などに対する感覚を豊かにする」とある[10]。乳・幼児にとって，もっとも身近な環境世界は家庭であり，家族である。

　ブロンフェンブレンナー（Bronfenbrenner）によると，子どもの環境　ブロンフェンブレンナー
世界は家庭を中心としたマイクロシステムから始まり，年齢を重ねるにつれてメゾシステム，エクソシステム，マクロシステムへと拡張するという[11]。その仕組みを，以下図5-3に示す。

　子どもの日々の生活や遊びのなかには，家族や同世代の友人，保育者など身近な大人（人的環境資源）以外にも，さまざまな「もの（物質）」や「生き物（動植物）」といった自然環境資源が溢れている。たとえば，1歳過ぎの幼児が，道端にいるネコをじっと見つめたり，指さしをしたとする。それに対して親や養育者は「ニャンニャン，かわいいね」などと語りかけ，目の前にいる生き物には「ニャンニャン」という名前があることを教えようとする。このようなやりとりを繰りかえしながら，幼児は自分の身の周りにあるすべての「もの」には名前があり，それが音や

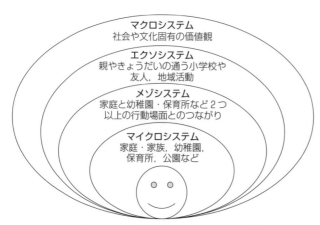

● 図5-3 ●　ブロンフェンブレンナーによる4つの環境システム
出典：ブロンフェンブレンナー，U.，磯貝芳郎・福富 護訳『人間発達の生態学（エコロジー）
　　　─発達心理学への挑戦』川島書店，1996年，pp. 223-310 より著者作成

言葉で表現できることにも気がつくようになる。子どもの言語獲得は，大人の発する音や名前を聞き，それを模倣しながら発声・発語することから始まる。子どもの気持ちや感動体験についての発語に耳を傾け，それを理解・共感し，共に楽しむ姿勢が保育者には求められている。

（5）領域「表現」について

内容(3)では「様々な出来事の中で，感動したことを伝え合う楽しさを味わう」，また内容(4)では「感じたこと，考えたことなどを音や動きなどで表現したり，自由にかいたり，つくったりなどする」とある[12]。

乳・幼児には，多種多様な生活音やひとの声が聞こえ，さまざまな形や色が見え，感じることができる。また，味覚や嗅覚，触覚など，五感の発達にともない，前言語段階に発する発声・発語によって，自分の好みや感情・意志を，親や養育者に伝えることができるようになる。さらに，身体の動き・表情なども，相手に何かを伝えようとする有効な手段となり得る。このような他者とのやりとりそのものの楽しさや面白さを味わうことによって，もっとやってみよう，自分が楽しむことと同時に，相手も楽しませようという意欲が生まれる。これが**表現意欲**であり，子ども特有の自由闊達で独創性のある発想や行為・作品へと昇華する。自分の創作物が周囲の大人から褒められることによって，さらなるやる気も生まれるだろう。

表現意欲

このような他者とのやりとりのための表現の反復によって獲得した言葉は，伝達手段であり，思考のための道具となる。それは，音声言語だけではなく，文字や記号・標識となったり，身体表現として示されることもある。最近話題の**ピクトグラム（絵文字）**は，その一例である。

ピクトグラム（絵文字）

〈引用文献〉
1）厚生労働省「平成 22 年乳幼児身体発育調査の概況について II 調査結果の概要」p. 7（https://www.mhlw.go.jp/file/04-Houdouhappyou-11901000-Koyoukintoujidoukateikyoku-Soumuka/kekkagaiyou.pdf，2021 年 11 月 10 日閲覧）
2）前掲 1），p. 11（2021 年 11 月 10 日閲覧）
3）Fantz, R. L., The origins of form perception. *Scientific American*, **204**(5), 1961, pp. 66-72.
4）Gibson, E. J., & Walk, R. D. The "visual cliff". *Scientific American*, **202**(4), 1960, pp. 64-71.

5）Bridges, K. M. B., Emotional development in early infancy. *Child Development*, **3**, 1932, pp. 324-341.

6）Lewis, M., "Self-conscious emotions: Embarrassment, pride, shame, and guilt." Lewis, M., Haviland-Jones, J. M., *et al.*（eds.）*Handbook of emotions*: 3rd ed., N.Y., London: The Guilford Press, 2008, pp. 742-756.

7）文部科学省『幼稚園教育要領解説〈平成 30 年 3 月〉』フレーベル館，2018 年，p. 213

8）前掲書 7），p. 147

9）前掲書 7），p. 168

10）前掲書 7），p. 193

11）ブロンフェンブレンナー，U.，磯貝芳郎・福富 護訳『人間発達の生態学（エコロジー）―発達心理学への挑戦』川島書店，1996 年，pp. 223-310

12）前掲書 7），p. 237

お 薦 め の 参 考 図 書

① 能登谷晶子・原田浩美編著『子どものことばを育てる―聞こえの問題に役立つ知識と訓練・指導』協同医書出版社，2022 年

② 今井むつみ『親子で育てる ことば力と思考力』筑摩書房，2020 年

③ 臨床発達心理士認定運営機構監，秦野悦子・高橋 登編著『言語発達とその支援（講座・臨床発達心理学 5）』ミネルヴァ書房，2017 年

④ 岩立志津夫・小椋たみ子編『よくわかる言語発達 [改訂新版] やわらかアカデミズム・〈わかる〉シリーズ』ミネルヴァ書房，2017 年

⑤ ヴィゴツキー，柴田義松訳『思考と言語 [新訳版]』新読書社，2001 年

ま と め

1 新生児誕生時の身体の大きさはおおむね身長 50 cm，体重 2,000 g 程度であり，その後の定形発達水準は乳児・幼児別発育成長曲線によって示されている。

2 「首のすわり」は生後 4 ～ 5 ヶ月未満，「ねがえり」は生後 6 ～ 7 ヶ月未満，「ひとりすわり（坐位）」と「はいはい」は生後 9 ～ 10 ヶ月未満，「つかまり立ち」は生後 11 ～ 12 ヶ月未満，「ひとり歩き」は生後 1 年 3 ～ 4 ヶ月未満で，幼児の 90% 以上ができるようになる。

3 構音とは音を作る過程のことである。音や言葉を発するためには，関係器官（肺・声帯・口唇・舌・下あごなど）と連動した自然な身体運動が必要となる。

4 乳児発達研究では，健常な赤ちゃんは胎児期から音が聞こえ，生まれて間もない時期であっても，視覚・聴覚など感覚器を用いて知覚し外界を認知できるようになる。はいはいができる時期の乳児は奥行き知覚・認知や情動，行動を制御するができるようになる。

5 情動とは，一時的で急激な感情のことであり，乳児の泣きやむずがりの要因のひとつである。乳児の表情やしぐさ，身体の動き，泣きや前言語的発声は，快・不快や興味・関心と密接なつながりがある。

6 ルイス（Lewis）によると，新生児は誕生直後から快・不快・関心の 3 つの感情を持ち，生後 3 ヶ月後には喜び，驚き，悲しみ・嫌悪へと分化，生後 6 ヶ月頃には怒り・恐れ，1 歳半～ 2 歳頃には照れ・妬み・共感，3 歳頃になると自信や誇り・恥・罪悪感などの感情が生じるという。

7 ひととひととのかかわりにおいては，話し言葉や書き言葉だけではなく「見つめ合ったり，うなずいたり，微笑んだり」することによって，自分の欲求や感情，想いや意志を相手に伝えようとする。このような手法を非言語的コミュニケーション（nonverbal communication）という。

8 子どもの言語獲得は，大人の発する音や名前を聞き，それを模倣しながら発声・発語することから始まる。子どもの気持ちや感動体験について耳を傾け，それを理解・共感し，共に楽しむ姿勢が保育者には求められている。

第6章

言葉の獲得に関する領域「言葉」指導計画と評価

1 保育の環境構成と言葉の獲得に関する領域「言葉」

（1） 子どもの「言葉」を引き出す環境

　保育における**環境構成**というと，人的・物的・空間的環境などがあげ 　　　　環境構成
られる。人的な環境としては，保育者や友だちが大きな存在感を占める。
物的な環境には，玩具・遊具がある。玩具・遊具を媒体にして友だちと
一緒に遊びながら言葉のやりとりを楽しむことができる。空間的な環境
は，その場の雰囲気や空気感のようなものを指す。楽しそうな雰囲気や，
安心感のある空間には笑い声が絶えず子どもの笑顔がある。

1）保　育　者

　子どもにとって，保育者は園での父親・母親であり，その影響力は大
きい。保育者が子どもにどうかかわるかで，言葉の発達を促進すること
も抑制することもある。保育者と子どもが**信頼関係**で結ばれると，会話 　　　　信頼関係
が弾み子どものボキャブラリーも増える。

2）友　だ　ち

　一人遊びに満足すると，友だちに目が向き始める。友だちを意識した
り，友だちの真似をしたり，会話を楽しむようになる。**ごっこ遊び**をし 　　　　ごっこ遊び
たり，共通の話題で盛り上がったりと友だちとの会話が盛んになり，会
話のなかから知識を得たり，新しい言葉を覚えたりする。

3）玩具・遊具

　玩具や遊具を使って遊びながら，空想の世界で言葉を発したり，友だ

ちと一緒に，玩具・遊具を媒体として会話を楽しむことができる。

4）時間・空間

　保育者や友だちと同じ空間で同じときを過ごす際，多くの言葉が飛び交っている。それらの言葉のシャワーを浴びることで，子どもは言葉を覚え，言葉を使って人間関係を育んでいく。

（2）　子どもが話したいと思う環境作り

　子どもが楽しく遊んでいる場所には，笑顔と会話がある。感嘆の声を上げるようなワクワクした環境には心踊らされるものがある。自分の話を聞いてほしいと思うような環境作りを心がけたいものである。とくに，休み明けには早く園に行って，先生に休日にあったことを話したいと思うような子どもと保育者の関係性や，「これ何？」「これはどうなっているの？」など子どもの疑問を生むような面白い仕掛けが保育室にあると子どもの好奇心はかき立てられ，おのずと発言や質問が増えてくる。そんな子どもが話したいと思うような環境を整えることも**保育者の配慮**の1つである。

保育者の配慮

2 保育の指導計画と言葉の獲得に関する領域「言葉」

（1）　全体的な計画

　各園においては，3法令（幼稚園教育要領・保育所保育指針・幼保連携型認定こども園教育・保育要領）の示すところに従い，「全体的な計画」を作成している。

　保育の指導計画とは，「幼児期の終わりまでに育ってほしい姿」を踏まえた「全体的な計画」を基に作成される実践的な計画のことで，「子どもの成長の見通しを立てる具体的な指標」である。いつ・どのような活動を行い，何を目標とし，どんなことを目的としているかを明確に示すものである。3法令を踏まえ，各園の実情に応じて「全体的な計画」

を作成し，さらに具体的な「指導計画」を立案している。

　日々の保育を振りかえる資料にもなる指導計画には，長期の指導計画【年の指導計画（年案）・期の指導計画（期案）・月の指導計画（月案）】と，短期の指導計画【週の指導計画（週案）・日の指導計画（日案）】がある。子どもの**発達段階**に合わせて保育を行うには，綿密な計画が不可欠である。　　発達段階

●表6-1● 指導計画の分類

長期の指導計画	年の指導計画（年案）
	期の指導計画（期案）
	月の指導計画（月案）
短期の指導計画	週の指導計画（週案）
	日の指導計画（日案）

　子どもの言葉の発達を育むうえで，絵本・紙芝居・ペープサート・パネルシアターなどの**児童文化財**はなくてはならないものであり，大いに　　児童文化財
活用したいツールである。また，ごっこ遊びのなかにもたくさんの言葉が存在し，役になりきって会話を楽しむことで言葉を獲得していく。子どもが自由に遊ぶ時間も確保するような計画を立てたいものである。

（2）　個別的な計画

　2017（平成29）年に告示された保育所保育指針および幼保連携型認定こども園教育・保育要領において，0・1・2歳児は，「個別的な計画」を作成することが明記された。

【保育所保育指針】
第1章 総則　3 保育の計画及び評価
⑵ 指導計画の作成
イ–㋐ 3歳未満児については，一人一人の子どもの生育歴，心身の発達，活動の実態等に即して，個別的な計画を作成すること[1]。
【幼保連携型認定こども園教育・保育要領】
第1章 総則　第3 幼保連携型認定こども園として特に配慮すべき事項
4–⑵ 園児の発達の連続性を考慮した教育及び保育を展開する際には，次の事項に留意すること。
ア 満3歳未満の園児については，園児一人一人の生育歴，心身の発達，活動の実態等に即して，個別的な計画を作成すること[2]。

● 表6-2 ●　個別的な計画（様式例）

個別的な計画			年		月		今月の写真など	
歳児		組	生年月日：	年	月	日		
氏　名			月齢：		歳	ヶ月		
前月までの子どもの姿								
今月のねらい								
子どもの姿・内容			保育者の援助および配慮			今月の振りかえり		
遊　び								
生活	食　事							
	排　泄							
その他								
家庭との連携								

　「個別的な計画」の様式は決まっておらず，各園で作成するが，表6-2のように主に「遊び」と「生活」についての具体的な計画を立案すると，保育の見通しがもてる。

保育の評価と言葉の獲得に関する領域「言葉」

（1）　乳児の「言葉」の指導計画

　保育者の真似をしたり，指差しをしたりすることで**語彙**を獲得していく乳児期には，保育者の丁寧なかかわりが求められる。保育者が無表情で言葉を発していたら，子どもには伝わりにくく，その表情さえも伝染する。無理に言葉を引き出そうとせず，日々の生活のなかで自然に言葉

語彙

が出るよう配慮することが望ましい。そのためには，保育者が子どもに
ゆっくり繰りかえし積極的に話しかけることである。たとえば，散歩中
に見つけた花や草木など季節の移り変わりや気温，保育者自身が感じた
ことを口に出して子どもに伝えるよう心がけたいものである。

（2）　幼児の「言葉」の指導計画

　ここでは，実際の**指導計画**を見ながら**劇遊び**の事例を通して考えてみ
たい。「おむすびころりん」の劇遊びを通して，クラスでそのイメージ
を共有するために，それぞれの子どもの考えを聞いたり質問を投げかけ
たりしながら全体のストーリーを共通理解しようとした日の指導計画で
ある。下線①のように共通理解が難しい場合は，保育者が代弁したり助
言することで自分の思いや考えを相手に伝えることができるようになる。
下線②では，話しやすい雰囲気を作り，子どもの発言を求め，より多く
の意見を引き出すことを目的としている。下線③は，活動を振りかえる
ことで見えてきた点や今後の課題を確認しようとしている。子ども自身
が，今していることや今後すべきことを意識できるよう働きかけること
が求められる。

指導計画
劇遊び

4　保育の評価と保育内容「言葉」

　子どもの「言葉」に対する**評価**とはどのようなものかを考えてみる。
子どもの発語にはそれぞれ意味があり，何をもって評価するのかはケー
スバイケースである。いずれにしても，子どもの言葉を保育者がどのよ
うに感じ取り，汲み取っていくかということが肝要である。子どもの言
葉にならない思いや感情にも心を寄せ，言葉を活用して信頼関係を深め
たいものである。

評価

　子どもは生活をしながら言葉を獲得していく。子どもの生活から派生
した言葉には，子どもそれぞれの思いがある。乳・幼児期の発達には個
人差があり，言葉の発達も同様である。同年齢の子どもであっても，発
育の程度や環境，家族構成や経験によっても大きな違いがある。また，

指 導 計 画

2月4日（木）　　4 歳児　　たんぽぽ 組

子どもの姿	ごっこ遊びが盛んになり，興味のあるお話の役になりきって遊ぶ姿が見られるようになる。		

ねらい	○劇遊びを楽しみ，役になりきって遊ぶ。 ○劇の内容について話し合い，自分の意見を言ったり，友だちの意見を聞く。	在籍児	男児	10 名
内　容	・「おむすびころりん」の劇遊びをする。 ・友だちと相談しながら，大道具・小道具の出し入れをする。 ・それぞれの意見を出し合い，イメージを共有する。		女児	12 名

時間	環境構成	予想される子どもの活動	保育者の援助および配慮
10:15	ピアノ　(保)	○絵本「おむすびころりん」を見る。	・子ども達の反応を見ながら，読むスピードを調節したり抑揚をつけたりしながら読む。 ・強調したいページは，子ども達が考えながら見られるようにゆっくり読むようにする。
10:30	大道具：いろり 小道具：おむすび，くわ，杵と臼，ごちそう，へび，扇子，しょいこ ・子どもたちが所定の場所に配置したかを確認する。	○劇遊びをする。 「おむすびころりん」	・「おむすびころりん」の内容を確認し，新しいアイデアを発表し合い，イメージを共有できるようにする。 ・それぞれの思いや考えを受け止め，代弁したり助言したりしながら，クラスみんなで考えるようにする。① ・テンポよく身体表現ができるように，保育者が率先して踊ったり，動いたりして楽しい雰囲気を作る。 ・大道具，小道具の出し入れも子どもに任せ，ストーリーや役割を理解できるようにする。
11:00	ピアノ　(保)　○○○ ○○○ ○○ ○○	○それぞれの役について話し合い，特徴などを確認する。	・役の特徴を話し合い，一人一人が役になりきれるようにする。② ・子どもの意見を尊重しながら，保育者が実際に演じてみて，子どもが客観的に役を感じられるようにする。
11:15	ピアノ　(保)	○劇遊びを振りかえる。	・自分と友だちの役割を振りかえり，よかった点や課題を見つけるような問いかけをするようにする。③

保育者自身の子どもの言葉を引き出す問いかけも重要になってくる。**保育者の感性**が，子どもの言葉の発達に影響するといっても過言ではない。

そのために保育者は日頃から感性を磨いておく必要がある。

保育者の感性

（1）評価の観点

　指導計画を確認しながら，その子どもが以前と比べてどのように変化したかを振りかえり，身についたことや成長した点を認識することが求められる。評価の観点としては，以下のようなものがある。

1）語彙数の増加

　自分の経験したことや考えたことを相手に伝えるには，ある程度の**語彙数**が必要である。入園・進級当初に比べ語彙数がどれくらい増加したか，また対人関係において，言葉でのやりとりが円滑になったのかも注目したい点である。

語彙数

2）言葉の表現力

　言葉の言い回しや，TPO に合わせた発言や相手を思いやる言葉など子どもであっても言葉による表現はある。むしろ，言葉は表現の一部である。保育者は，子ども自身がいかに自分の気持ちを伝えようとしているかをじっくり観察する必要がある。声の強弱や抑揚によっても表現力は変わってくるので，子どもの思いが伝わってきたらしっかり認めて褒めることで自信がつく。

3）言葉で自分の思いを伝える

　友だちとのトラブルが発生したとき，言葉で伝えるよりも手が出てしまい喧嘩に発展することがある。そのような場合に自分の思いを言葉で伝えることにより，和解したりより親しくなったりすることもある。自分の思いが相手に伝わった喜びをより多く**経験**できるようにしたい。

経験

（2）言葉のねらいが達成されたかどうか

　幼稚園教育要領・保育所保育指針・幼保連携型認定こども園教育・保育要領の領域「言葉」のねらいが保育に反映され達成されたかどうか，今の子どもの姿と照らし合わせて現在の評価をしながら，**PDCA サイクル**を活用し**今後の課題**を見つけていくことも重要なポイントである。

PDCA サイクル

今後の課題

「自分の気持ちを言葉で表現する楽しさを味わう」「人の言葉や話など
をよく聞き，自分の経験したことや考えたことを話し，伝え合う喜びを
味わう」「日常生活に必要な言葉が分かるようになるとともに，絵本や
物語などに親しみ，先生や友達と心を通わせる」の心情・意欲・態度の
ねらいをその子どもなりに達成できているかどうかも確認しながら保育
を展開したいものである。

---

1 歳以上 3 歳未満児
　(1) 言葉遊びや言葉で表現する楽しさを感じる。
　(2) 人の言葉や話などを聞き，自分でも思ったことを伝えようとする。
　(3) 絵本や物語等に親しむとともに，言葉のやり取りを通じて身近な人と気
　　　持ちを通わせる[3,4]。
3 歳以上児
　(1) 自分の気持ちを言葉で表現する楽しさを味わう。
　(2) 人の言葉や話などをよく聞き，自分の経験したことや考えたことを話し，
　　　伝え合う喜びを味わう。
　(3) 日常生活に必要な言葉が分かるようになるとともに，絵本や物語などに
　　　親しみ，言葉に対する感覚を豊かにし，先生（保育所：保育士等，こども
　　　園：保育教諭等）や友達と心を通わせる[5,6,7]。

---

　3 法令の心情(1)・意欲(2)・態度(3)の「言葉」のねらいをその子どもな
りに達成できているかどうかも確認しながら保育を展開したいものであ
る。

【引用・参考文献】
1 ）厚生労働省『保育所保育指針〈平成 29 年告示〉』フレーベル館，2017 年，p. 8
2 ）内閣府・文部科学省・厚生労働省『幼保連携型認定こども園教育・保育要領〈平成 29
　　年告示〉』フレーベル館，2017 年，p. 14
3 ）前掲書 1 ），p. 20
4 ）前掲書 2 ），p. 23
5 ）文部科学省『幼稚園教育要領〈平成 29 年告示〉』フレーベル館，2017 年，p. 19
6 ）前掲書 1 ），p. 27
7 ）前掲書 2 ），p. 30
8 ）小田 豊・芦田 宏編著『保育内容 言葉 (新保育ライブラリ)』北大路書房，2009 年
9 ）民秋 言・千葉武夫ほか編著『保育内容総論 [新版] (新保育ライブラリ)』北大路書房，
　　2014 年
10）成田徹男編『保育内容ことば [第 3 版] (新時代の保育双書)』みらい，2018 年

お薦めの参考図書

① 開 仁志編著『これで安心！保育指導案の書き方』北大路書房，2008 年

② 開 仁志編著『保育指導案大百科事典』一藝社，2012 年

③ 田中亨胤監，山本淳子編著『実習の記録と指導案［改訂新版］』ひかりのくに，
  2018 年

④ 塩 美佐枝・古川寿子編著『保育内容「言葉」―乳幼児期の言葉の発達と援助』
  ミネルヴァ書房，2020 年

⑤ 秋田喜代美・三宅茂夫監，秋田喜代美・砂上史子編『子どもの姿からはじめる
  領域・言葉』みらい，2020 年

ま と め

1 保育者が子どもにどうかかわるかで，言葉の発達を促進することも抑制することもある。保育者と子どもが信頼関係で結ばれると，会話が弾み子どものボキャブラリーも増える。

2 保育者の真似をしたり，指差しをしたりすることで語彙を獲得していく乳児期には，保育者の丁寧なかかわりが重要である。

3 子どもの言葉にならない思いや感情にも心を寄せ，言葉を活用して信頼関係を深めたいものである。

4 保育者の感性が，子どもの言葉の発達に影響するといっても過言ではない。そのため保育者は日頃から感性を磨いておく必要がある。

5 幼稚園教育要領・保育所保育指針・幼保連携型認定こども園教育・保育要領の領域「言葉」のねらいが保育に反映され達成されたかどうか，今の子どもの姿と照らし合わせて現在の評価をしながら，次の課題を見つけていくことも重要なポイントである。

6 「言葉」のねらいをその子どもなりに達成できているかどうかを確認しながら保育を展開する必要がある。

第**7**章

発達障がいのある子どもに対する「言葉」の支援

1 発達障がいとは

　発達障害者支援法改正（2016［平成28］年）による定義（第2条）では，「発達障害者とは，発達障害（自閉症，アスペルガー症候群その他の広汎性発達障害，学習障害，注意欠陥多動性障害などの脳機能の障害で，通常低年齢で発現する障害）がある者であって，発達障害及び社会的障壁により日常生活または社会生活に制限を受けるもの」とされている。しかし，**発達障がい**の子どもの認知・情緒・行動については，子どもの心理状態や人間関係，集団の特性，さらに，発達障がいに関する適切な理解と必要な支援がある環境かどうかによって違ってくることから，障がい名等で特性をひとくくりに理解することはできない。発達障がいの代表的なものとしては，**LD**（限局性学習症／学習障害），**ADHD**（注意欠如多動症），**ASD**（自閉スペクトラム症／自閉症スペクトラム障害），**DCD**（発達性協調運動症／発達性協調運動障害）などがある（図7-1）。障がいによる特徴がそれぞれ重なり合っている場合も多い。

発達障がい

LD（限局性学習症）
ADHD（注意欠如多動症）
ASD（自閉スペクトラム
　症）
DCD（発達性協調運動症）

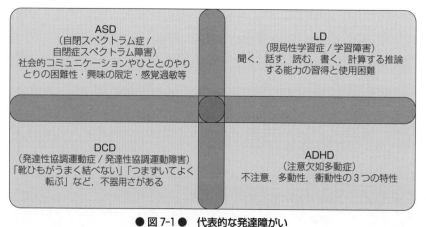

● 図 7-1 ●　代表的な発達障がい

(著者作成)

（1）ASD（自閉スペクトラム症／自閉症スペクトラム障害）とは

　ASD（自閉スペクトラム症／自閉症スペクトラム障害）は，アメリカ精神医学会の診断と統計マニュアル「DSM-5」において神経発達症群に分類された診断概念であり，自閉症の特徴であるコミュニケーションや言語に関する症状に，知的障がいの有無などを含めた状態を連続体（スペクトラム）として包含する診断名となった。そのため，これまで用いられていた広汎性発達障害，アスペルガー症候群，小児期崩壊性障害，特定不能の広汎性発達障害などの複数の診断名が，ASDに包括されることになった。

　ASDは，「社会的コミュニケーションや社会的相互作用が様々な状況で困難なこと」と「限定された反復的な，行動，興味，活動の様式な行動，及び感覚の過敏性」を特徴としている。

　「社会的コミュニケーションや社会的相互作用が様々な状況での困難」の例としては，無表情で視線が合わない，相手と同じ言葉を繰りかえして言う，会話の流れを踏まえず一方的に話す，言葉を字義どおりに受け止めて冗談が通じない，相手の心情や意図を理解できていないため勘違いや思い込みが多い，丁寧な言葉で抑揚のない話し方をするなどが特徴として挙げられる。こうした背景には，他者の心情や意図を他者視点で捉えることが難しいことや，自分の気持ちをうまく表現することに困難があることが想定されている。

　「限定された反復的な，行動，興味，活動の様式な行動，及び感覚の過敏性」の例としては，常に手を叩いている（ひもを振っている），スケジュール変更に対する極度な混乱，特定のものの収集，同じ場所の往復，玩具等を一列に並べる，印象的な言葉を繰りかえす，何度も同じ質問を繰りかえす，特定のことに対する知識の蓄積などが特徴として挙げられる。また，特定の音（聴覚）や視覚情報，触覚などの感覚刺激に対する過敏性，運動や手指操作の不器用なども特徴として挙げられる。こうした背景には，状況に応じて予定や環境の変化を柔軟に受け止めたり，対応の仕方を広げたり修正していくことが難しいことから，これまでの自分のイメージ（予定）どおりに対処せざるを得なくなり，そのことが

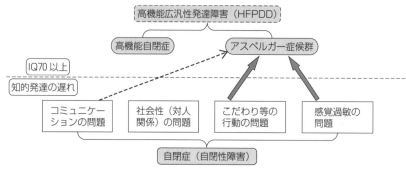

● 図7-2 ● ASD（自閉スペクトラム症／自閉症スペクトラム障害）の関連図

（著者作成）

「こだわりや感覚過敏」を強くしていることが想定されている。

　主な支援としては，視覚情報（絵や写真カード，身振り，シンボル等）を活用したコミュニケーション支援，社会性を育むためのソーシャルスキル支援等が行われている。

（2）　ADHD（注意欠如多動症）とは

　ADHD（注意欠如多動症）とは，年齢あるいは発達に不釣り合いな注意力，または多動性・衝動性を特徴とする障がいであり，社会的な活動や学校生活を営むうえで著しい困難を示す状態である。通常７歳以前に現れ，その状態が継続するものであるとされている。その特徴には，不注意優勢型と多動性・衝動性優勢型と，その混合型がある。

　ADHDの子どもの特徴として，不注意や多動性から周りのひとに注意や叱責を受けることが多くなり，その結果として自己評価が低くなる傾向がみられる。支援としては，目標や約束は１つか２つに精選したり，不注意・多動・衝動への注意は指摘でなく肯定する形でする等，自己肯

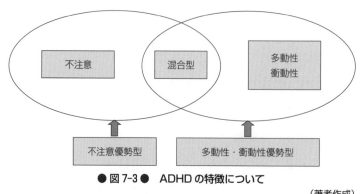

● 図7-3 ● ADHDの特徴について

（著者作成）

定感を高める支援の工夫が行われている。

（3） LD（限局性学習症／学習障害）とは

　基本的には知的障がいのような全般的な知的発達の遅れは見られないが，学習の成果（成績），行動観察，詳細な心理検査等により，学習上の基礎的能力である「聞く，話す，読む，書く，計算する又は推論する能力」を習得し，使用することについて，1つないし複数の著しい困難があると見られるさまざまな状態を総称したものである。このLDの特徴は，学校に入って教科学習がはじまるなかで顕在化するため，幼児期に診断されることは少ない。支援としては，言葉と同時に動作や絵や写真カード等を提示する支援，文字を追いやすいよう，拡大したり行間を広げたりする支援等が行われている。LDにより困難を示す領域は次のとおりである。

● 図7-4 ● LDにより困難を示す領域について

（著者作成）

（4） DCD（発達性協調運動症／発達性協調運動障害）とは

　DCD（発達性協調運動症）は，知的能力や言語発達に遅れがなく，視覚や聴覚，運動機能にも問題がないにもかかわらず，協調運動に困難さを示す障がいであり，発達障がいの類型の1つとされている。協調運動の困難さは，運動技能の不器用さや不正確さとして顕在化し，子どもの学習や日常生活に大きな影響を及ぼしている場合がある。実際に，学習

面では，姿勢を正しく保持できない，字がマスからはみ出してしまう，走る，跳ぶ，投げる，打つなどの動作がぎこちない，ダンスで周りとちがう動きなってしまうなどがみられ，日常生活場面では，手先の動きがぎこちなく箸やスプーンをうまく使えない，ものや壁にぶつかる，ひもをうまく結べない，つまずくものがないのによく転ぶなどが協調運動の困難さとしてみられている。こうした状態を，経験不足や練習不足，やる気がないことが原因ととらえると，支援者（教員）や保護者も「練習が足りない」「怠けている」「何度も繰りかえし挑戦すると必ずできるようになる」として反復練習を強いることになる。こうした不適切な展開によって，子どもの心理的ストレスをもたらし，自己肯定感の低下，無気力，不登校，反発などの二次的な諸問題に展開する場合もあり，DCDの正しい理解啓発を進めていくとともに，できないことは周りのひとにヘルプを出すことを学んでいくことが，将来の社会参加に向けた力になると考えられる。

◆2 発達障がいをどのように理解するか

　幼児期にみられる発達障がいのある子どもの特徴としては，次のようなことがみられる。

- ・視線が合いにくい
- ・こだわりが強く，融通がきかない
- ・決まった場所に座っていられず，すぐに立ち歩く
- ・スケジュールの変更に戸惑う
- ・保育活動の手順が理解できない
- ・他の子どもとのトラブルが絶えない
- ・遊びの順番やルールが守れずトラブルになる
- ・一人遊びの場面が多い
- ・大人にかかわりを求める
- ・接触を拒否する（嫌がる）
- ・玩具や遊具を他児に譲れない
- ・遊びのなかで暴言をはいたり，暴力をふるう
- ・集中して話を聞く時間が短い
- ・模倣が難しい
- ・見学者が教室に入ると落ち着かない
- ・場面にそぐわない発言がある
- ・視覚的な理解はスムーズ
- ・特定の記憶力がよい
- ・アニメやテレビでみた主人公を演じている
- ・本人から他児に遊びを誘うことができない
- ・思い通りにならないとパニックになる
- ・特定の友だちだけにかかわる

　発達障がいのある子どもの困難の状態はさまざまで，同じ診断名であ

っても，発達の状況や年齢，心理状態，環境条件によって表面化されることが違ってくる。また，診断された時期により，診断名が異なったり，数年が経ってから診断名が変わったりすることもある。さらに，言葉の発達においても，言葉の表出が少ない子，同じ言葉を繰りかえしている子，とても流暢に話している子，話はしているが意味理解が伴っていない子，急に言葉の表出が増えてくる子など，発達障がいを一括りに説明できない多様な言語活用の実態がある。こうしたことから，障がい名から子どもをみるのではなく，どんなことが得意で，何が苦手なのか，どんな強みや潜在性があるのかといった「よさ」に視点を向けて実態をとらえていく（更新していく）ことが大切である。

　また，発達障がいのある子どもは，実は「困っている子」であり，周りがその困り感に気づかないでいると，自信を失って自己評価が低下し，登園拒否，周囲への反発，いじめ等の二次的な諸問題に繋がっていくことにもなる。こうした二次的な諸問題の方がもともとの障がいよりも深刻になっていることが多々みられている。子どもの行動は，周りの理解，環境やその対応の仕方によって大きく変わることも多く，早期の気づきと早期の支援は重要な課題である。発達障がいは，『理解と支援を必要とする個性』であり，こうした一人一人の違いや特性に応じた支援を行っていくことは，発達障がいの有無にかかわらず大切なことである。

3 発達障がいのある子どもに対する特別支援教育とは

（1）特別支援教育を推進するための支援体制づくり

　「**特別支援教育**」とは，障がいのある幼児児童生徒の自立や社会参加に向けた主体的な取り組みを支援するという視点に立ち，幼児児童生徒一人一人の教育的ニーズを把握し，その持てる力を高め，生活や学習上の困難を改善または克服するため，適切な指導および必要な支援を行うものである。2003（平成15）年度から小中学校を中心とした特別支援教

特別支援教育

育体制への体制整備が進められ，2005（平成17）年度には幼稚園および高等学校の支援体制整備がはじまり，2007（平成19）年度から学校教育法等の一部改正のもと，全ての学校（園）で本格的に特別支援教育体制がスタートした。

　さらに，2016（平成28）年4月から施行された「障害者差別解消法」に伴い，合理的配慮の概念が提唱され，障がいのある子どもが他の子どもと同様に「保育・教育を受ける権利」を享有・行使することが確保されてきている。このことによってインクルーシブ保育・教育のさらなる推進が期待されている。

　また，幼稚園，小中学校等においては，約6.5％といわれる通常の学級に在籍する発達障がいのある幼児児童生徒への支援について，学校全体として組織的に支援を進めていくこと，そして，特別な支援イコール特別な場ではなく，通常の学級における指導・支援の充実が基本にあることが明確に示された。そして，支援体制づくりとして，学校全体で支援を考えていく「校（園）内委員会」の設置，その推進役である「特別支援教育コーディネーター」の位置づけ，支援目標や内容を教職員間や保護者との共通理解を図るための「個別の（教育）支援計画」の作成，専門家等による巡回相談の活用等が進められてきた。

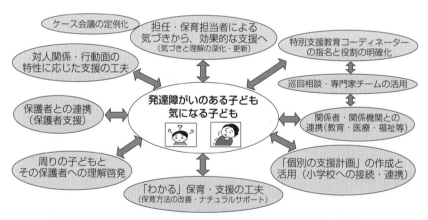

● 図7-5 ●　保育所・こども園・幼稚園における総合的な支援体制づくり

(著者作成)

（2）　特別支援教育を推進するためのポイント

　保育所，幼稚園，小学校等における特別支援教育の推進にむけて取り

組むポイントは次の通りである。

① 発達障がい等に関する知識・理解の深化と更新

発達障がい等の特性を正しく理解し、理解を深化・更新していくこと。

② 早期の気づきと早期の支援の展開

子どもが困っていることに気づかなければ、支援はスタートしない。早期の気づきから早期の支援に展開していくことで、子どもの失敗体験や不合理な体験（いじめ等）を積み重ねないようにする。

③ 特別支援教育コーディネーターの役割と位置づけの明確化

組織全体で支援を進めていく校（園）内支援委員会の運営や、関係機関との連携を進めていくコーディネーターの役割を位置づける。

④ 子ども理解と対応のためのケース会議の推進

教職員による共通理解と支援対策を検討するケース会議を定期または必要に応じて実施していく。

⑤ **ユニバーサルデザイン**の視点を活かした**「わかる」保育・授業づくり**の工夫

活動の流れやイメージを持ちやすくするために、絵や写真カード等を用いて手順やスケジュールを視覚的に示す支援、場所や位置を示して活動を構造化する支援、始まりと終わりをタイマー等を使って示す支援（時間の構造化）等をナチュラルサポートとして進めていくこと。

ユニバーサルデザイン
「わかる」保育・授業づくり

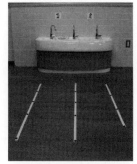

並び方の構造化支援

場所の明示

スケジュールの視覚化

● 写真 7-1 ● 視覚支援の例

⑥「個別の教育支援計画」と「個別の指導計画」の作成と活用

個別の教育支援計画
個別の指導計画

　一人一人の障がいのある子どもについて，乳・幼児期から学校卒業後までの一貫した長期的な「個別の教育支援計画」を作成すること。作成に当たっては**関係機関との連携**，保護者の参画や意見等を聴くことがポイントである。

関係機関との連携

　また，幼児児童生徒一人一人の教育的ニーズに対応して，指導目標や指導内容・方法を盛り込んだ「個別の指導計画」を作成すること。たとえば，単元や学期，学年等ごとに作成し，それに基づいた指導を行う。

⑦ 安心できる**集団づくり**の推進

集団づくり

　違いを認め合える，失敗を認め合える，否定的にとらえない集団づくりから，安心できる居場所としての集団づくりをめざすこと。

（3） 発達障がいのある幼児期の子どもへの支援について

発達障がいのある幼児期の子どもへの支援を展開していくうえで，次の観点が重要である。

① 子どもの行動の背景や心情について，その特徴・特性を理解する（行動の前後のエピソード記述を丁寧に書いていくことが理解に役立つ）。

② 子どもにわかるように伝える工夫をする（視覚支援を活用する等）。

③ 子どもの得意なことや強み（ストロングポイント）・興味を活かすことに着目して支援の目標・内容・方法を設定し，計画的に実践していく。

④ 子どもが「できた」「わかった」という成功体験を積み，自己肯定感を高めることを重視する。

⑤ 子どもへの共感的な態度とかかわりを通して，共同注意力の育みを大切にしていく。

⑥ 違いを認め合う，失敗を認め合う，否定的にとらえない「安心できる集団づくり」をめざし，誰もが認められ，大切にされているという実感を子どもたちが持てるような保育・教育を進めていく。

⑦ 支援者間のチームアプローチ，保護者（家庭）と連携・連動した支援，関係機関と連携，小学校への接続連携を積極的に進めていく。

【参考文献】

1）小田浩伸監，大阪府教育委員会編著『高校で学ぶ発達障がいのある生徒のための社会参加をみすえた自己理解―「よさ」を活かす指導・支援』ジアース教育新社，2020 年

2）小田浩伸編著『高等学校における特別支援教育の展開』金子書房，2020 年

3）須田正信編著，小田浩伸・大谷博俊ほか『基礎からわかる特別支援教育とアセスメント』明治図書，2009 年

4）廣瀬由美子・石塚謙二編著『特別支援教育』ミネルヴァ書房，2019 年

5）森 則夫・杉山登志郎ほか編著『臨床家のための DSM-5 虎の巻』日本評論社，2014 年

お薦めの参考図書

① 小田浩伸監，大阪府教育委員会編著『高校で学ぶ発達障がいのある生徒のための社会参加をみすえた自己理解―「よさ」を活かす指導・支援』ジアース教育新社，2020 年

② 小田浩伸編著『高等学校における特別支援教育の展開』金子書房，2020 年

③ 柘植雅義編著『ユニバーサルデザインの視点を活かした指導と学級づくり』金子書房，2014 年

④ 廣瀬由美子・石塚謙二編著『特別支援教育』ミネルヴァ書房，2019 年

⑤ 本田秀夫編著『発達障害の早期発見・早期療育・親支援』金子書房，2016 年

まとめ

1 発達障がいの代表的なものとしては，LD（限局性学習症／学習障害），ADHD（注意欠如多動症），ASD（自閉スペクトラム症／自閉症スペクトラム障害），DCD（発達性協調運動症／発達性協調運動障害）などがある。

2 発達障がいのある子どもの困難の状態はさまざまで，同じ診断名であっても，発達の状況や年齢，心理状態，環境条件によって表面化されることが違ってくることもある。

3 発達障がいのある子どもの困り感に気づかないでいると，自信を失って自己評価が低下し，登園拒否，周囲への反発，いじめ等の二次的な諸問題に繋がっていくことにもなる。こうした二次的な諸問題の方がもともとの障がいよりも深刻になっていることが多々みられている。

4 「特別支援教育」とは，障がいのある幼児児童生徒の自立や社会参加に向けた主体的な取り組みを支援するという視点に立ち，幼児児童生徒一人一人の教育的ニーズを把握し，その持てる力を高め，生活や学習上の困難を改善または克服するため，適切な指導および必要な支援を行うものである。

5 特別支援教育を推進するためのポイントは次の通りである。

① 発達障がい等に関する知識・理解の深化と更新

② 早期の気づきと早期の支援の展開

③ 特別支援教育コーディネーターの役割と位置づけの明確化

④ 子ども理解と対応のためのケース会議の推進（校（園）内委員会）

⑤ ユニバーサルデザインの視点を活かした「わかる」保育・授業づくりの工夫

⑥ 「個別の教育支援計画」と「個別の指導計画」の作成と活用

⑦ 安心できる集団づくりの推進

⑧ 子どもの得意なことや強み（ストロングポイント）・興味を活かした支援の目標・内容・方法を考える

⑨ 就学支援における小学校との引き継ぎ・連携強化

⑩ 関係機関・関係者との連携関係の構築

第Ⅱ部　指導・実践編

第8章

言葉の獲得に関する領域「言葉」と保育実践

　保育実践の場では，保育者は子どもたちの発達や興味・関心を理解したうえで，教育的な意図を持って活動を展開する必要がある。幼児教育が目指すことは，「生活をとおしての学び」「遊びをとおしての学び」「（意識的）学習をとおしての学び」であり，その特徴は「遊びをとおしての学び」に最も端的に表われるとされる[1]。

　本章では，幼稚園における保育実践の例をあげながら，子どもの遊びや生活をとおしての言葉の育ちや保育者の援助について考えていく。

❸歳児の場合

　幼稚園に入園する多くの3歳児にとって，幼稚園は家庭から離れて初めて同年代の子どもと**集団生活**をする場である[2]。保育者は，子どもたちと**信頼関係**を築き，子どもが安心感をもって生活ができるように活動を展開したり，環境を設定することが大切である。

集団生活

信頼関係

（1）　場の共有をとおして学ぶ

CASE

水遊びの場面

　K男，R菜，I美，E子は，たらいの水のなかに入っているプラスチックの魚やアヒルの形をしたおもちゃをすくって遊んでいる。E子はアヒルのおもちゃだけをすくって，「アヒル，いっぱいやで」と周囲に言う。K男は「アヒル，はい」と言って，E子にアヒルのおもちゃを渡す。そこにK奈が「入れて」と現れる。E子は「ダメ」と言うが，K男は「ここ，いいよ」

● 写真8-1 ● 　いっぱい魚をとろう

とK奈が加われるように声をかける。E子は「アヒル，あげる」と言うが，逆にI美が「はい」とE子に
アヒルのおもちゃを渡して「はい，お誕生日，おめでとう」と言う。E子は「どうぞ。お誕生日，おめ
とう」と，たらいのなかから緑色の魚をとって，緑色の魚のおもちゃだけを集めているI美に渡すなどし
て遊んでいく。

　本事例からは，その場を共有することで，子どもたちがモノを媒介と
して言葉のやりとりをしていることがわかる。この場面では，各々がア
ヒルや同じ色のおもちゃを集めるなど，**平行遊び**を行っている。子ども　　　　　平行遊び
たちは，その時々に仲間入りやモノのやりとりを行い，徐々にコミュニ
ケーションを深めていっている。そして，このような相互作用をするこ
とで，子どもたちは一緒にその場にいることに安心感を抱き，**仲間関係**　　　　　仲間関係
を築いていくのである。子どもたちは，場を共有し，ともに遊ぶことで，
他者とのやりとりの仕方や友だちの気持ちを学んでいく。また，他の友
だちの遊びに興味・関心をもったり，遊び方の**模倣**をすることをとおし　　　　　模倣
て，遊びの幅を広げていくのである。

（2）　場面に沿った行動や言葉を理解する

CASE

絵本を読むことになっている場面

　給食後，歯を磨き終わった子どもたちが絵本を読めるように，保育者はあらかじめ，イスを置き，環境
構成を行っている。そこで，E太とN基が絵本の引っ張り合いをしている。保育者は「あれ，あれ，絵本
の引っ張り合いっこして。痛いって聞こえてきたんだけど。絵本，静かに読んでね」と言葉をかけると，
各々，絵本を読み始める。M香が「電車ごっこ，しようよ」とK奈に声をかける。K奈は「電車さんです」
とイスを移動し，先頭に座り，その後ろにD男，R菜，O子，M香が各自イスを持ってきて，電車の車両
のように縦一列に並べて座る。保育者は「また遊んでる。今，何するんだっけ？　あー，いっぱい絵本が
出てる」と絵本を大量に床に出したまま遊び始めた子どもたちに言葉をかける。M香は「おばけがやっ
た」と口にする。なおも電車ごっこをやめない子どもたちに対して，「ちょっとうるさいですけど，ガタガ
タうるさい」と注意を促していると，突如，D男がM香の頭をコツンと小突き，M香が叩きかえす。それ
を見た保育者は間に入って，「今，M香ちゃん何した？　イヤのときは何するの？」と叩きかえしたM香
に問いかける。F也はM香に助け舟を出すように「ゴメンネ」と言う。保育者は「こういうときは『やめ
て』って言って。けんかになっちゃうよ」と言うと，M香は無言でうなずく。保育者は「D男ちゃんとM

香ちゃんどうなった？ けんかにならなかった？」とD男に尋ねると，D男はうなずく。電車ごっこはい

ざこざの間も継続しており，N基が電車の座る位置を他の子に指示したりして遊んでいる。E太が「先生，また長くなっている」と保育者に言う。保育者は「先生，どうかなと思ってるんだ。絵本読んでねって言ったのになぁ」と言葉をかける。E太は「あかんです。みんな，降りてください。ピー，ダメですよ。ピー，ダメですよ」と周囲に言う。保育者は「絵本電車だったらいいけど，読みながら電車で遊ぶのはどうでしょう？ じゃあ，元通り」と絵本を読む環境に戻す。

● 写真 8-2 ● 絵本を読んであげるね

本事例では，子どもたちが本来，絵本を読む時間であるにもかかわらず電車ごっこをして遊んでいることに対して，保育者がそれはしてはいけないことであることに子どもたちが気づけるように，何度も言葉をかけている。それは，子どもたちをただ叱るのではなく，あくまでも子どもたち自身が気づいて，自分の行動を改めることができるように，問いかけたり，絵本が大量に出ている事実をさりげなく伝えたり，保育者の思いを言葉にしたり，最終的に環境を変えるなどのさまざまな工夫をしている。

また，**いざこざ**を仲裁する場面では，いやなことをされたときには「やめて」と言うことを伝えている。幼稚園教育要領の領域「言葉」の内容(5)に「生活の中で必要な言葉が分かり，使う」とあるように，保育者が仲立ちをし，場面に応じた言葉を教えるのも大切な役割である。このような場面に他の子どもたちが遭遇することで，当事者だけではなく場面に沿った言葉や他者の思いを自然に学んでいくのである。このようなやりとりの積み重ねをとおして，子どもたち自身でしてはいけないことに気づいたり，自分の気持ちを言葉で表現することができるようになるのである。

いざこざ

2 4歳児の場合

4歳児は，想像力が広がり，さまざまな**イメージ**を持ちながら遊びに
取り組むようになる時期である。また，他者との違いも理解することが
できるようになっていく時期でもあり，**自己抑制**をしたり，他者の思い
や考えを受け入れたりするようになる年齢である。

イメージ

自己抑制

（1） イメージが広がる活動と言葉かけ

CASE

体験したことを絵で描く場面

　幼稚園では，前日に水族館へ遠足に出かけた。保育者は「海にいるウミガメ」の絵本の読み聞かせをし
たうえで，「昨日，水族館には何匹，カメさんいた？　1匹見たひと？　2匹見たひと？　先生は2匹見
ました。今日は，みんなにカメさんをつくってもらいます。幼稚園のカメさんと似ているところと似てい
ないところがあります。水族館のカメさんは，何色だった？」と言うと，子どもたちが「緑」「茶色」と
口々に答える。保育者は「今日はみんなが好きな色に塗っていいよ」と言い，幼稚園のカメも実際にクラ
スに持ってきて子どもたちに見せる。その後，保育者がカメを描きながら，制作の説明をしていく。保育
者は「縦でも横でもいいよ。色，見に来てもいいよ。赤ちゃんガメを描いてもいいし，1つの甲羅のとこ
ろに違う色を入れて，おしゃれなカメにしようかな」と自由に
カメを描いていいことを伝える。保育者は「おしゃれなカメさ
んだから，ピンクでもいいよ」と言ったり，「なるほど，なるほ
ど，なかなかおもしろいカメさんだね。R太くんのカメさんも
丁寧なカメさんだね。M子ちゃんも見てるから，しっかり描い
てるね」と周囲にいる子どもたちに適宜，言葉をかける。T也
は「水族館のウミガメね，口もあった」と言い，O男も「口も
描いてるよ」と言う。子どもたちは，各々カメを描いていく。

● 写真8-3 ● どんなカメを描こうかな

　本事例は，水族館に行った課外活動を踏まえて，**描画**を行っている場
面である。保育者は，子どもたちが興味・関心を抱けるように，絵本の
読み聞かせを行ったうえで，課外活動で見たカメの話を子どもたちに問

描画

いかけながら，話を展開させていく。また，制作も画用紙を縦横自由に使うことや自由な色使いをしてもよいことなど，子どもたちの描画活動が広がる提案をしている。制作中は，一人一人が描いているそばに行き，褒め，楽しい活動ができるように言葉かけを行っている。

幼稚園教育要領の領域「言葉」の内容(8)に「いろいろな体験を通じてイメージや言葉を豊かにする」とあるが，子どもたちが想像力を広げられるように，計画的に環境を構成したり，適切に言葉をかけることは大切である。保育者がさまざまな保育活動を体系化し展開することも，子どもたちの豊かな表現の育ちにつながるのである。

（2）言葉とかかわる環境構成

 CASE

パズルで遊ぶ場面

保育者が「絵本かパズルで遊んでいいよ」と言うと，K次とO男が平仮名のついたパズルで遊び始める。K次は「ちー，ちー，ちー，まー，まー，まー，まー」と持っているパズルのピースの平仮名を口にしながら，当てはめていく。K次は「一番上が簡単やねんな」と「あ」を指して言う。K次は「『たちつてと』そろいました。『あいうえお』そろいました」と嬉しそうにO男に話す。K次は「か」のピースを持ち，「カホちゃんの『か』だ」と言う。O男は「ケイちゃんの『け』だ」と「け」のピースを手にしながら言う。K次は「『せ』だ。『け』と『せ』は似てるけど，違うねん」と言いながら，『せ』のピースを当てはめる。

● 写真8-4 ● カルタをいっぱいとるぞ

本事例では，子どもたちが，パズルのピースに友だちの名前が使われていることや似ている文字の違いがあることを気づくなど，遊びをとおして**文字**に関心を示し，相互に理解を深めていることがわかる。

文字

幼稚園教育要領の領域「言葉」の内容(10)に「日常生活の中で，文字などで伝える楽しさを味わう」とあるが，文字を保育者が教え込むのではなく，遊びのなかで自然と文字に触れ，興味・関心をもつことができる

ように活動を行ったり，環境構成を工夫することが大切である。4歳児は，文字を書くことに興味や関心を抱く時期でもあるので，保育者が必要に応じて，話し言葉だけでなく，書き言葉についても援助していくことも重要である。

3 5歳児の場合

5歳児は，自分の思いを言葉にしたり，子ども同士でも問題解決をすることができるようになる年齢である。また，役割分担をしたり，**リーダーシップ**を発揮して取り組む**協同遊び**をするなど，友だちと協力して物事を成し遂げようとする力が身についていく時期である。

リーダーシップ

協同遊び

（1）　役割のある遊びをとおして学ぶ

 CASE

ごっこ遊びをする場面

　M美がままごとコーナーに行くとY里が「入れて」と声をかける。M美は「いいよ」と返答し，「おかあさん」と自分の役名を告げる。S子は「おねえちゃん」，Y里は「バブちゃん（赤ちゃんのこと）」とそれぞれ，役名を言い，M美は食事を作り始め，S子はその手伝いを始める。A音は「Y里ちゃんどこ？　バブちゃん？」と聞き，Y里は「うん」と答える。M美は「ネコになって」とY里にお願いし，Y里はネコになりきって遊び始める。M美は「おねえちゃんに投げてもらって」とメロンのおもちゃをS子に渡し，それを数回投げると，Y里はネコのような動きでつかむ仕草をする。S子がM美に「おなかへったって言ってる」と話すと，M美が「おねえちゃんも手伝って。ここにご飯入れて。味噌汁もつくったから，ご飯入れてね」と言い，ご飯を食べる準備を一緒に行う。M美は「レンジでチンする？」と問うと，Y里は「うん」と答える。S子が「きゅうりも好きってことな。コーンスープもするっていうことな」とM美に言い，M美も「コーンも好きってことな。コーンスープもするってことな」と設定を確認しながら，進めていく。

● 写真 8-5 ●　おいしいごはんができたよ

子どもたちは**ごっこ遊び**において，ひきうけた大人の役割をとおして，ひととひととの関係性を習得するとされる[3]。本事例では，女児たちがごっこ遊びで，**役割**を忠実に演じ，実生活に基づいた世界を表現していることがわかる。ここでは，子どもたちは役割をとおして母親などの家族の関係性を相互に学んでいるのである。

ごっこ遊び

役割

子どもたちはイメージを仲間とともに表現したり，役割や場面設定などの**相互交渉**を行っている。遊びを社会的相互交渉として見たときに「集団保育におけるあそびの出会いが他者との出会いである」[4]という。子どもたちは遊びをとおして仲間関係を築き，一緒に活動したりすることで社会性を身につけていくのである。

相互交渉

（2）友だちと協力することで学ぶ

CASE

友だちと制作をする場面

保育者は，2人1組になってUFOを制作している子どもたちに，「じゃあ，2になったらお片づけ。2になったらお片づけだよ」と時計の長い針が2になったら，お片づけであることを言う。

M美は「もうちょっとしたら2だ。1人だったらめっちゃヤバイ。H史ちゃん待ってるのに」と時計を気にかけ，一緒にUFOを作るペアであるH史が来ないので声をかけに行く。そのとき，長い針が2になっていることにA也が気づき，「お片づけ」と大きな声で全員に聞こえるように言う。保育者は周りの進行状況などを見て「あっ，そうか。いや，3まで」と子どもたちに声をかける。M美が保育者にUFOを見せに行くと，保育者は「H史ちゃんに聞いてみて。H史ちゃんがこれでいいって言ったら終わりね」とM美に言葉をかける。

M美はH史のもとに行きUFOを見せると，H史は「こことここ」と装飾の足りない部分を示す。M美は「1個つけるんでいい?」と聞くと，H史は「いいよ」と許可をする。その様子を保育者が見て，「H史ちゃん急いであげて。M美ちゃん1人で大変そうだわ」と協力するように言葉をかける。H史は急いでM美のもとに行き，一緒にUFOの制作を仕上げる。R香が「もうすぐ3だ」と時計を気にかけて言う。A也は「もうすぐ3だ。もうすぐやで。もうすぐ3や。お片づけ」と周囲に聞こえるように言い，周囲の子どもたちが片づけ始める。

● 写真8-6 ● 力をあわせてつくろう

本事例では，子どもたちが時間を気にかけつつ，活動に専念したり，時間になったら保育者が言わなくても次の活動に移ることができている。このように，保育者が活動の指示をするだけではなく，保育者が何も言わなくても，子どもたちが自主的に行動できるように，日々の保育活動を積み重ねていくことも大切である。

また，保育者は活動の方法や子どもの性格，これまでの活動の取り組み方を考えたうえでペアを決めるなど，子どもたちが楽しく活動できるように援助することが重要である。子どもたちが協力して相談や**意思決定**ができるように言葉をかけたり，そのきっかけ作りをすることも大切である。このような協同作業をとおして，子どもたちは力を合わせて何かを成し遂げる喜びや達成感を味わっていくのである。

意思決定

◆**4** 保育実践上の留意点

これまで見てきたように，子どもたちはさまざまな活動や体験をとおして，言葉で表現ができるようになったり，友だちとコミュニケーションをする大切さや楽しさを学んでいる。

言葉の育ちには，これまでの体験や家庭環境の違いなどで，**個人差**も大きい。保育者は，子どもの言葉やイメージを豊かにするためにも，発達やその場の状況などを理解したうえで，柔軟に適切な援助をすることが求められる。

個人差

一人一人が自分の思いを表現できる環境をつくるとともに，幼稚園という集団生活の場でしかできない経験や友だちと一緒に行う活動をとおして，達成感や満足感を育めるようにすることも大切である。また，発達や興味・関心を把握したうえで，絵本，物語，紙芝居，人形劇，ペープサート，パネルシアターなどの**児童文化財**を用いた活動や地域の人々と交流するなど，子どもたちが楽しく言葉と触れる機会を持つことができるように，保育活動を計画的に立案し，実践することが重要である。

児童文化財

【引用・参考文献】

1）麻生 武「教育心理学とは何か」，無藤 隆・麻生 武編著『教育心理学』北大路書房，
　2009年，pp.1-9

2）文部科学省『幼稚園教育要領解説〈平成30年3月〉』フレーベル館，2018年

3）エリコニン，天野幸子・伊集院俊隆訳『遊びの心理学』新読書社，1989年

4）刑部育子「あそびとの出会い」，無藤 隆・倉持清美編著『保育実践のフィールド心理
　学』北大路書房，2009年，pp.108-117

お薦めの参考図書

① 河原紀子監著『0歳〜6歳 子どもの発達と保育の本［第2版］』学研，2018年

② 青木紀久代編『実践・発達心理学［第2版］』みらい，2017年

③ 鯨岡 峻『エピソード記述を読む』東京大学出版会，2012年

④ 鯨岡 峻・鯨岡和子『エピソード記述で保育を描く』ミネルヴァ書房，2009年

ま と め

1 幼稚園は，3歳児にとって初めて集団生活をする場であるので，保育者は信頼関係を築き，自分の思いを伝えたり，仲間関係を築くことができるようにかかわることが大切である。

2 4歳児は，言葉に対する興味・関心が広がることを踏まえ，イメージを豊かにする活動を行ったり，文字に対しても関心を抱けるように環境構成をすることが大切である。

3 5歳児は，仲間同士でコミュニケーションをしながら，相互交渉もできるようになっていく。保育者が指示をしたり，援助をしなくても多くの活動を自分たちでできるようになっていくが，様子を見ながら言葉をかけるなど，柔軟な援助をすることが重要である。

4 言葉は，身近なひととのかかわりをとおして獲得されていく。保育者は一人一人の話に耳を傾け，子どもが言葉で表現する楽しさや仲間とやりとりをすることの喜びを味わえるようにすることが大切である。

5 言葉でうまく表現できない子どもには，しっかりと子どもの言葉を受け止め，保育者が仲立ちをして言葉を代弁したりすることも重要である。

6 保育者は子どもの言葉によるコミュニケーションだけでなく，表情や仕草などからも思いを汲み取ることも大切である。保育者自身も，子どものモデルとして，言葉に対する感覚を豊かに養っていく必要がある。

第**9**章

気になる子どもに対する「言葉」の支援

 1 保育所における「言葉」の指導・実践事例

　子どもの言語発達は，日常の生活の楽しい遊びのなかで獲得していく
ものと考えられている。したがって，愛情形成のための保育者の役割を
自覚し，子どもの言語発達を促す遊びの環境とさまざまな経験ができる
活動の場を整えることが重要である。

　たとえば，**感覚運動遊び**には，発達に応じたおもちゃ（全身のバラン
ス感覚を育む押し車や乗り物など）やボール投げ，輪投げ，マット，ボー
ルプール，トンネルくぐり，巧技台，手遊び，リトミックなどを取り入
れる。また，巧緻性を高めるために，発達に応じたおもちゃ（目と手の
協応動作を育むクーゲルバーン・型はめ・パズル・楽器・布絵本・ハンマー
トイ・汽車や車など）や小麦粉粘土やスライムなどの感覚遊び，シール
貼りやハサミを使った制作遊び，ビーズ通し，見立て遊び，ごっこ遊び，
簡単なボードゲームなどを準備し，遊びのなかから子どもの言葉を育ん
でいく。以下に実践事例を紹介する。

感覚運動遊び

ダウン症

 CASE

コミュニケーションを育てるごっこ遊び

　A児は，**ダウン症**と診断され，通所施設に2年通った後，4歳児から公立保育所に通っている。A児の
大好きな遊びであるごっこ遊びでは，ベッドに寝かせている赤ちゃん人形を抱っこし，「Bちゃん」と自
分の妹（0歳児）の名前を呼びながら「ねんね」とあやす。ごっこ遊びのお父さん役の友だちには「とう
しゃん，かいしゃ，いって…しゃい（いってらっしゃい）」と，食事の場面では，「Aちゃん（自分のこと）
つくった，いたっ…まーしゅ（いただきます）」などと，長い構文の文章がA児の口から出てきた。

　また，お店屋さんごっこの釣りコーナーで遊んでいると，「とうしゃん，いった，Bちゃん，かあしゃん，
Aちゃん」（父さんと釣りに行った。妹と母さんと自分で）と経験したことを思い出し，話をすることができた。

家庭連携とコミュニケーション支援

　5歳児のクラスでは，経験したことを人前で話す活動を行っている。友だちの前で話をしたいという思いが強いＡ児のためには，保護者からの休日の出来事のメモに沿って，保育者が仲介しながら活動を行っている。「かあしゃん，しごと，とうしゃん，Ａちゃん，Ｂちゃん，かわ，いった（母さんが仕事だったので，父さんと自分と妹で川に行った）」「にく，たべた，おいちかった，Ｂちゃん，びしゃびしゃ，とうしゃん，おこった（バーベキューのお肉がおいしかった。妹が水遊びをして服がぬれたので，父さんが怒った）」。このように日々の生活のなかで経験したことが言葉の発達に深くつながっているのである。

 幼稚園における「言葉」の指導・実践事例

　自閉スペクトラム症児の言語の特徴は個々に異なるが，**精神疾患の診断と統計マニュアル第5版**（DSM-5）の「自閉スペクトラム症」の3つの特徴の言語に関する項目では，① 社会的，情緒的な相互関係の障がい，② 他者との交流に用いられる言葉を介さないコミュニケーションの障がい，③（年齢相応の対人）関係性の発達・維持の障がいがあげられている。社会性の問題では，アイコンタクトや顔の表情，身ぶりを含めた対人関係を調整する行動が少なく，喜びなどの感情を表現することがむずかしい。また，幼児期には言葉の表出に遅れがあり，話し言葉によるコミュニケーションの問題も大きい。そこで，子どもが安心して話（自己表現）をする気持ちを持つためには，家庭と連携をはかりながら根気よく子どもの気持ちを理解しようと努め，信頼関係を育み，子どもの特性を生かしつつ，日常生活のなかで補助伝達手段として絵や写真を用いて適切なコミュニケーション行動を身につけ，子どもの言葉の発達につなげていく。

自閉スペクトラム症
精神疾患の診断
統計マニュアル第 5 版
　（DSM-5）

感情の表現を育てるための絵カードを使った支援

　Ｃ児は，公立幼稚園に通う自閉スペクトラム症の4歳児である。興味・関心の限定と行動のこだわりが

強く，自己コントロールもむずかしく，話し言葉によるコミュニケーションも苦手である。また，発音が不明瞭で自分の気持ちを相手に分かるようにうまく伝えることができず，友だちとトラブルになることも多い。そこで，友だちとのかかわりを仲介しながら，友だちの注意の引き方・応じ方など，どのように行動したらよいのかを知らせ，自分の気持ちを伝える，相手の気持ちがわかることをねらいに保育にあたっている。その際，大阪府人権教育研究協議会発行の「**いま，どんなきもち？**」の感情ポスターをペープサート（紙人形劇）につくり変えたものを使いながら，自分の気持ちと相手の気持ちを視覚化している。C児は，イスに座っているD児を「Dちゃん，大好き」の気持ちから，突然背後から抱きついた。D児は不意の出来事にびっくりして泣き出した。C児は，なぜD児が泣いているのかがわからずに，もう一度抱きつこうとする。このとき，ペープサートを用いてD児の気持ち「びっくりして嫌だった」を視覚化して伝える。また，C児のD児に対する気持ち「大好き」を視覚化する。C児は，2つのペープサートの表情を見比べ，しばらく考え，「ごめんなさい」のペープサートを手に取り，保育者の手を引いてD児のそばに行く。D児は「Cちゃん，もう大丈夫，いいよ」とにっこり答えた。その後，C児は，自分のうれしい気持ちは「やったー！」，嫌な気持ちは「ぐすん」といったようにいろいろなペープサートを使いながら，友だちや保育者に自分の気持ちを伝えるようになった。それだけでなく，友だちが泣いていたり，怒っていたりすると，ペープサートを持って友だちのそばにより，「どんな気持ちなのだろうか？」と確かめるように顔をのぞき込み，周りの友だちや保育者に，本人に代わって伝えようとする姿が見られるようになった。C児は，気持ちを伝える楽しさと，伝わる心地よさを体感した。今後もたくさんの友だちとかかわりながら，いろいろな気持ちに気づいてほしいと願っている。

● 図 9-1 ●
いま，どんなきもち？
出典：大阪府人権教育研究協議会「いま，どんなきもち？　ポスター画像Part 1」

いま，どんなきもち？

 小学校における「言葉」の指導・実践事例

ICD-11「疾病及び関連保健問題の国際統計分類（国際疾病分類）」の「発達性発話または言語症群（ICD-10「発達性読み書き障害」）」のなかに，発達性語音症，発達性発話流暢症（吃音），発達性言語症，他の特定される発達性発話または言語症，特定不能発達性発話または言語症の障がいがあげられている。

ICD-11「疾病及び関連保健問題の国際統計分類（国際疾病分類）」

小学校以降の学校生活のなかで言葉の問題は，対人関係だけではなく，学習においても困難が見られるようになっている。

　通常の学級での学習におおむね参加できている子どもたちのなかに，発音がはっきりしない「構音に誤りのある子ども」や言葉が詰まり，滑らかに話すことができない「吃音のある子ども」，知っている言葉が少なく言葉の理解や表現が幼い「言語発達に遅れのある子ども」がいる。このような子どものさまざまな障がいや困難に合わせた支援を行う，通級指導教室や特別支援学級における取り組みを紹介する。

■── CASE 📖

発音がはっきりしない「構音に誤りのある子ども」の学習例

　幼稚園3歳児の頃から，担任が発音の不明瞭さに気づき，保護者にそのことを伝えてきたが，保護者は発音の不明瞭さには気づいていたが問題視せず受け入れることができなかった。しかし，小学校1年生の1学期に学級担任の言葉の状態への気づきから，保護者にそのことを話し，通級指導教室（ことばの教室）での相談を勧めたところ，受け入れることができ，指導に至った。

　1．話題を決めて自由に話す。

　　楽しみにしていることや，過去の出来事を，進んで話したり質問に答えたりして，会話を楽しむ。話し言葉の発音の状態，構文をさりげなくチェックする。

　2．口と舌の体操をする。

　① 口の体操

　・大きく口を開けて閉じる／下顎を左右に動かす／唇を尖らせたり横に引いたりする／頬をふくらませたりへこませたりする

　② 舌の体操

　・舌先を口角に付ける／舌先を上唇に付ける／舌先を丸める／舌を平らにする／舌打ちをする

　③ 吹く練習・吸う練習

　・吹き戻しを使って，口から強く息を出す

　・吹く息の強弱によって吹きコマの回転速度を変える

　・ストローを使って吸う

　3．音読・言葉遊びをする。

　① 発音の練習をする（「○」・「○」の行）

　② 言葉遊びをする

　・練習した音がたくさん出てくる音読教材を読む

- さかさま言葉／しりとり／練習した「○」が入った言葉集めビンゴゲーム

4．学習の振りかえりをする。

　　どこまで達成できたか確認する。

CASE 6

通級指導教室「吃音のある子ども」の学習例と通常学級担任ができる支援

　ねらい…好きな活動をしながら，リラックスして会話を楽しむ／話すことへの抵抗感を軽減し，楽に話せるようにしていく

1．話題を決めて自由に話す。

　　楽しみにしていることや，過去の出来事を，進んで話したり質問に答えたりして，会話を楽しむ。

- 吃音の状態，随伴症状や工夫の様子などをさりげなくチェックする
- 言いたいことは最後まで話すように促す

2．口の体操をする。ゆっくりと声を出す発声練習をする。

- ゆっくり息を出す，吸う
- まねっこゲームをする／ウォーミングアップをする

3．楽しい話の本を音読する。

- 繰りかえしのフレーズがあるお話を読み，リズムよく言う話し方を体験する
- 教科書の音読練習をして自信をつけさせる
- いろいろな読み方を試し，吃りにくい読み方を実感できるようにする

4．文作りをする。

- 身近な事柄（好きな遊びや得意なことなど）から文を作る

5．言葉遊びをする。

- しりとり…楽しみながら音韻をつかむ
- スリーヒントクイズ…ヒントクイズでは，言葉からイメージを広げ，語彙を増やす

6．「お話すごろく」をする。

- コマが止まったマスのテーマについて話をする

7．学習の振りかえりをする。

　「どもっていても，言いたいことを言っていいんだ」と思える学級と
「からかい」が生じない学級作りを行う。

　そのためには，本人がどもって話していても，急がせず，ゆったりと
した気持ちで内容を聞く。また，吃音の症状が出なかったからといって，

とりたてて褒めないようにする。子どもと信頼関係を築き，音読や発表について子ども自身はどう考えているか，担任や友だちはどのような支援ができるかということを，本人と十分に話し合う。音読については，一斉音読やグループごとの音読を積極的に取り入れるようにする。

　クラスの子どもたちに対しては，吃音は自分では治せないことを，発達段階に応じた説明をし，理解させる。その際は，吃音という用語ではなく，言葉が詰まってしまう，うまく言いにくいといった言葉で，できるだけ子どもが理解しやすい言葉で分かりやすく説明することが大切である。また，相手が話し終わるまで待つ，相手の話を最後まで聞く，ひとの話し方をまねて，からかうようなことはしないなどの一般的な会話のマナーを指導するようにする[1]。

通級指導教室「言語発達に遅れのある子ども」のグループ指導の事例[2]

　言語発達の遅れや社会性の未熟さがあり，友だちとうまくコミュニケーションがとれずに，トラブルをおこしていた子どもに対してグループ指導を行った事例。

　ねらい…ゲームや活動を通して友だちやチームの仲間と楽しく活動するなかで社会性を身につける／友だちとのかかわりのなかで，成功体験を積み重ねることで，自己肯定感を高める

　「ボードゲーム」には，ルールがあり，役割をこなしたり，交替したり，言語でのコミュニケーションをとったり，相手の考えていることを考えたりなど，社会的な場面で必要となるスキルの要素がたくさん入っている。カルテット，もじぴったん，ひらがなポーカー，ゴキブリポーカー，おつきさまバランス，ワニに乗る，ジェンガなどを取り入れた。

　① 最後まで話しを聞く，② ルールを守って活動する，③ 友だちの様子を見る，④ 質問したり，答えたりする，⑤ 動きのコントロールができる，⑥ 音読ができる，⑦ 自分の考えや気持ちを話すことができる，⑧ 周りに合わせて気持ちのコントロールができる，という 8 つの目標を設定して取り組むなかで，友だちのよいところを取り入れた言動に対し，周りの友だちが褒めたり，認めたりすることによって，問題となるトラブルが減少し，ソーシャルスキルを身につけることができた。

【引用・参考文献】
1）鹿児島県総合教育センター「指導資料 特別支援教育 第136号―幼，小，中，高，盲・聾・養護学校対象」2004年10月（http://www.edu.pref.kagoshima.jp/research/result/siryou/shido/h16/s01466.pdf，2021年10月19日閲覧）
2）久保山茂樹，国立特別支援教育総合研究所 「言語障害教育における指導の内容・方法・評価に関する研究―言語障害教育実践ガイドブックの作成に向けて」2010年（https://www.nise.go.jp/cms/resources/content/7412/b-250.pdf，2021年10月19日閲覧）

お薦めの参考図書

① 武田鉄郎『発達障害の子どもの「できる」を増やす提案・交渉型アプローチ―叱らないけど譲らない支援』学研，2017年

② 竹田契一監著，里見恵子・西岡有香ほか『保育における特別支援』日本文化科学社，2013年

③ 山崎祥子『子どもの発音とことばのハンドブック』芽ばえ社，2011年

④ 無藤 隆・神長美津子ほか『「気になる子」の保育と就学支援―幼児期におけるLD・ADHD・高機能自閉症等の指導』東洋館出版社，2005年

ま と め

1 発達障がいの代表的なものとしては，LD（限局性学習症／学習障害），ADHD（注意欠如多動症），自閉スペクトラム症（ASD）などがある。

2 乳・幼児期は，発達の個人差が大きいため，保育者はわかりやすい言葉を使い，短い文章で言語化したり，絵カードや写真，文字を使って視覚化したりすることによって，子どもは言語発達やコミュニケーション能力を高めていく。

3 脳や神経，聴覚などが原因でなく，発音がうまくいかない背景に，発音にかかわる器官や発達を支えるものに何らかの課題が隠れている可能性がある。

4 言語症群とは，発音が不明瞭である（構音障害），話すときに詰まることを繰りかえす様子が見られる（吃音），言葉の理解や言語概念の形成につまずきがある（言語発達の遅れ）などの状態を指す。

5 言語症群は，一見して障がいがあるということが分かりにくく，子どもの困っている状況が周囲の人々に理解されないことがあり，個々の状態に応じて配慮することが重要である。

6 周囲のひととのコミュニケーションが円滑に進まず，子ども自身が引け目を感じたり，友だちと話をしていても言葉が出てこないために返事ができなかったり，会話がうまく成立しないため，自信を失って自尊感情が低下したり，心理的に不安定になったりすることがある。

7 本人のよいところや得意なことを大切にしながらかかわり，社会性の発達や自己肯定感の育ちを損なわないよう配慮していくことが大切である。

第 **10** 章

言葉の獲得に関する領域「言葉」の記録と指導案づくり

1 記録簿・指導案（指導計画）とは

（1） 記録簿について

1）記録の重要性について

　保育者にとって記録は，自己の**保育を振りかえり評価・反省**し，次の保育に向けて改善をしていくために重要な役割を果たしている。記録に現れる子どもの姿は，保育者とのかかわりによって見られる姿であり，子どもの発達の姿でもある。

保育を振りかえり評価・反省

　保育者は記録を基に自らの保育を振りかえることにより，**子ども理解を深め保育の質の向上**を図っていくことができる。

子ども理解を深め保育の質を向上

2）実習における記録簿作成の意義について

　実習生が，実習の学びをより深めるための手段として実習記録がある。この実習記録を毎日書くことにより，翌日からの課題を明らかにし，実習の学習指針を示していくことが大切である。さらに，実習記録は自分自身の考え方やものの見方を振りかえり，**自分自身を見つめ直す**とともに，子どもの思いや保育について考える手立てとして活用されるものである。

自分自身を見つめ直す

（2） 記録簿作成上の留意点

　記録簿の書き方は，各大学の授業や実習先に指導される。一般的には，以下 8 点に留意しながら，日々研鑽を積み重ねてほしい。

令和3年　10月12日（火）　実習時間 8：00〜17：00				検印

配属クラス　　○○組	〔5〕歳児　男児〔○○〕名，女児〔△△〕名

保育のねらい • 友だちと一緒に体を動かすことを楽しむ。 • 絵本に興味をもち友だちと楽しさを共有する。	主活動	• 集合体操 • お話の会

実習のねらい
• 笑顔で積極的に子どもたちに声をかける。

時間	環境構成	子どもの活動	保育者の援助	○実習生のかかわり □考えたこと・感じたこと
9：00	環境構成図	○好きな遊びをする • どんぐりを転がす • 制作をする • 自然物を使って飾りをつくる • 園庭で遊ぶ	• 子どもと一緒に遊びに必要な素材や用具を考え，準備する。	○子どもとかかわって遊ぶ □どんぐりを転がす道を友だちと相談しながら工夫している姿に5歳児の成長を感じた。

● 図 10-1 ● 　実習記録簿例

（著者作成）

1）出来事や子どもの姿について，事実関係を正確に記述する

記憶が曖昧な点は，確かめてから記入する。**ポイントを絞って記述**すること。

ポイントを絞って記述

2）文字は丁寧に書き，誤字・脱字がないように注意する

読みやすい文字で丁寧に書く。丸文字・くせ字，あて字，話し言葉は，記録簿記述には適さない。書き終えた後は，必ず読みかえす必要がある。

3）記述文章は要点をまとめて，だれが読んでもわかるように書く

多くの事柄を1文で記録しようとすると，わかりにくい文章になる。何が大切なことなのか，何を伝えたいのか，課題を明確にし，**要点をまとめて記録**する必要がある。

要点をまとめて記録

4）原因や要因を類推しながら省察する

「とてもよかった」ことや，「うれしかった」ことなど実習生自身が感じたことを書く場合には，なぜそのように感じたのかなど，**原因や要因**を具体的に記述する。

原因や要因

5）個人情報を守り，人権尊重の立場を忘れない

　　子どもの実名を記録したり，プライバシーを侵害したりするよう
な記述をしないよう細心の注意を払う。

6）子どもの主体性を重んじた表現で記録する

　　子どもに対する援助では「～させる」「～をやらせる」「～してあげ
る」という表現を用いず，**子どもの主体性を重んじた表現**で記述する。

子どもの主体性を重んじた表現

7）実習記録は実習生の日記ではない

　　時系列に出来事や事実だけを記録したものは実習記録とはいえな
い，1日のなかで学んだ事柄について考察し，反省と今後の課題な
どを明確に記入していくことが大切である。

8）評価・反省を記入する

　　当日の保育の「子どもの姿」はどうであったかを振りかえる。
「子どもの活動」および「ねらい」は適切であったか，「環境構成」
「保育者援助」などを分析する。さらに，全体として反省すべき点，
評価すべき点を整理する。1日の成果を**総合的に自己評価・分析**し，
指導者の指導，助言を受け，今後の課題を見出す。

総合的な自己評価・分析

2 指導案（指導計画）について

　乳・幼児期は，子どもが生涯にわたる人格形成にとって極めて重要な
時期である。そのために保育者は，子どものよりよい発達を促すために
も，幼稚園，保育所で育みたい資質・能力の育成に向けて計画的に保育
を計画していく必要がある。

（1）指導計画作成上の留意点

　以下，幼稚園教育要領解説および保育所保育指針解説から一部引用す
る。

【幼稚園教育要領解説[1)]】

第1章　第4節　指導計画の作成と幼児理解に基づいた評価

2　指導計画の作成上の基本的事項

(1)　発達の理解

　指導計画は，幼児の発達に即して一人一人の幼児が幼児期にふさわしい生活を展開し，必要な体験を得られるようにするために，具体的に作成するものとする。

(2)　具体的なねらいや内容の設定

　指導計画の作成に当たっては，次に示すところにより，具体的なねらい及び内容を明確に設定し，適切な環境を構成することなどにより活動が選択・展開されるようにするものとする。

　ア　具体的なねらい及び内容は，幼稚園生活における幼児の発達の過程を見通し，幼児の生活の連続性，季節の変化などを考慮して，幼児の興味や関心，発達の実情などに応じて設定すること。

【保育所保育指針解説[2)]】

第1章　3　保育の計画及び評価

(2)　指導計画の作成

　イ　子ども一人一人の発達過程や状況を十分に踏まえるとともに，次の事項に留意しなければならない。

(ｱ)　3歳未満児については，一人一人の子どもの生育歴，心身の発達，活動の実態等に即して，個別的な計画を作成すること。

(ｲ)　3歳以上児については，個の成長と，子ども相互の関係や協同的な活動が促されるよう配慮すること。

(ｳ)　異年齢で構成される組やグループでの保育においては，一人一人の子どもの生活や経験，発達過程などを把握し，適切な援助や環境構成ができるよう配慮すること。

　以上のように，就学前の子どもの指導計画の作成に当たっては，まず発達の見通しをもち，活動の予想に基づいた環境を構成することであり，その上で，一人一人の発達を見通して援助することである。このことを重視することにより，計画性のある指導が行われ，一人一人の発達が促されていく。

（2）指導案（指導計画）作成の手順について

1）子どもの実態を把握する

　一般的な子どもの姿ではなく，当該園所の担当学年，担当クラスの**ありのままの子どもの姿**をとらえることが大切である。子どもの言葉や行

ありのままの子どもの姿

動，遊ぶ姿や友だちとかかわる様子のほか，生活の場での姿，集団への
参加の仕方などから**子どもの実態を把握**する。その際，一人一人の子ど
もの興味関心や生活態度，発達の様子や技能面でもそれぞれ異なること
を心に留めながら，子ども同士，学級全体としての共通点を把握する。

2）保育者の願いを明確にする。

　子どもが何を求めているのか，子どものなかに今何が育とうとしてい
るのかについて探り，長期的・短期的指導計画のねらいや内容と重ねて
保育者の願いを明確にする。

3）環境構成を考える

　周囲のさまざまな環境から必要なものを見出し，それを子どもの生活
にどのように取り入れていくのかについて考える。また，保育者の願い
や本時のねらいに向かって，子どもが主体的に活動に取り組み，発達に
必要な経験ができるような環境の構成を考える。

4）1日の流れを見通す

　幼児の1日の生活はいろいろな場面でさまざまな活動が組み合わされ
て展開されている。登園から降園までの子どもの生活の流れに沿いなが
ら，必要な経験ができるように，1日の流れを見通し予測して指導計画
を立てる必要がある。その際，前日までの子どもの生活や遊びを考慮し，
その流れに沿って活動を考えることが大切である。

　また，時間配分についても柔軟性を持たせるとともに，子どもが環境
にかかわってどのように活動を展開していくかについても，さまざまな
展開を想定しておくことが必要である。

　指導計画作成にあたっては，子どもの実態や興味・関心と保育者の願
いをかみ合わせて，子どもの発達に必要な体験が得られるように計画を
することが大切である。

年 月 日（ ）	1歳児 □□組 （男児 ○名，女児 △名）
	担任 ○○ ○○

子どもの姿	・絵本のなかに知っているものを見つけて，「アッアッ」と指をさしたり，「○○～」と保育者に言いにきたりする姿がみられる。 ・いろいろなものを指さして名前を言う姿が見られる。
主活動	・ペープサートを見る
ねらい	・いろいろな動物や食べ物の名前に興味をもつ。 ・保育者と言葉のやり取りを楽しむ。

時間	環境構成	予想される子どもの姿・活動	保育者の援助・配慮
10：00	● ○ ○ ○ ○ ○ ○ ○ ●保育者 ○子ども	○手遊びをする ・「グーチョキパーでなにつくろう」をする。	・子どもたちが興味をもって集まることができるようにゆっくり歌い，動作は大きくしながら手遊びをする。
	・「くま」「ぞう」「うさぎ」「ぱんだ」のペープサートを用意しておく。	○ペープサートを見る（動物編） ・知っている動物の名前をいう。 ・手をたたいて喜ぶ。 ・鳴きまねをする。	・子どもたちがわかりやすいように，大きな声ではっきりと伝える。 ・ペープサートを出すときは動物の動きと同じようにしたり，鳴きまねをしたりしながら工夫し，問いかける。 ・「次は何が出てくるかな」と興味がもてるような言葉がけをする。
	・「りんご」「みかん」「もも」「いちご」のペープサートを準備しておく。 ・布を用意しておく。 ・かごに動物の顔を貼ったものを用意しておく。	○ペープサートを見る（食べ物編） ・知っている食べ物の名前をいう。 ・食べる真似をする。 ・ペープサートを持って食べようとする。	・「これ何だ」ペープサートが見えないようにし，何が出てくるのか期待がもてるようにする。 ・「りんごだね」「赤いね」など言葉に興味がもてるようにし，保育者が食べる真似をする。
10：30		○片づけをする ・自分でかごに入れに来る。 ・いつまでも持ったままの子もいる。	・片づけられたときには，「できたね」と褒め，ぎゅっと抱きしめ，スキンシップをとる。 ・「動物さんは家に帰りたいんだって」や「動物さんが食べたいんだって」と片づけられるように声をかける。

● 図 10-2 ● 1歳児部分実習指導案例

（著者作成）

| 年　月　日（　） | | 2歳児　　□□組（男児　○名，女児　△名） |
| | | 担任　　○○　○○ |

子どもの姿	・固定遊具や戸外で走り回ったり，跳んだりして身体を動かし遊ぶことを喜ぶ姿が見られる。 ・知っている曲や体操の歌が聞こえてくると，口ずさんだり，身体を動かしたりして遊ぶ姿が見られる。 ・友だちや保育者と言葉のやり取りをしながらごっこ遊びを楽しむ。
主活動	・バスごっこをする。
ねらい	・友だちや保育者と一緒に身体を動かして遊ぶことを楽しむ。

時間	環境構成	予想される子どもの姿・活動	保育者の援助・配慮
10：00	● ○　○　○　○　○ 　○　○　○　○ ●保育者 ○子ども	○手遊びをする ・「バスごっこ」を歌う。 ・運転手になろうと1番前に座ろうとする。	・手遊びの動作を大きくしたり，声に強弱をつけたりしながら全員集まれるようにする。 ・「運転手になりたい」という気持ちに共感し，どの子もできるように声をかける。
	・保育者にトンネルを作ってもらい，くぐって楽しめるようにする。	○バスごっこをする ・友だちの腰や肩を持つ。 ・1人で動く子もいる。 ・トンネルをくぐる。	・保育者が先頭になり，友だちの腰や肩を持ちながら，バスに乗った気持ちになれるように「バス停まで出発します」など，声をかける。 ・「右に曲がります」「止まります」「ジャンプします」などいろいろなコースや動きを取り入れながら楽しめるようにする。
	・段ボールで作ったバスを準備しておく。 ・CDデッキを準備しておく。 ・「バスに乗って」のCDを準備しておく。 ・CDをかけてバスに乗っている気分になるように場を盛り上げる。	○段ボールのバスに乗る ・1人で乗る子や，複数人で乗る子もいる。 ・バスの取り合いになる。 ・段ボールのバスに乗らない子もいる。 ・CDに合わせて，「GOGO～」と口ずさみながらコースを楽しむ。	・段ボールのバスを見せ，「バスに乗ってみよう」「友だちと一緒に乗ってもいいよ」など，実際に見せ使い方を知らせる。 ・段ボールのバスを使えなかった子には，保育者が一緒にコースを回り，次に貸してもらえるように配慮しておく。 ・CDに合わせて，歌いながら右に曲がったり，左に曲がったりしながらコースを楽しめるようにする。
10：30		○片づけをする ・集まる。	・片づけができたときには，抱きしめたりなでたりしながら褒めるようにする。 ・「楽しかったね」「またやろうね」と「もっとやりたかった」という気持ちに共感する。

● 図10-3 ●　2歳児部分実習指導案例

（著者作成）

| 年　月　日（　）　　　　　　　 | 3歳児　　□□組　（男児　○名，女児　△名） |
| | 担任　○○　○○ |

子どもの姿	・気の合う友だちとの遊びが増えてきている。 ・手先が器用になり，好きな絵を描いたり紙を切ったりすることを楽しめるようになってきている。
主活動	・クリスマスツリーを作る。
ねらい	・身近な素材を使って制作を楽しむ。

時間	環境構成	予想される子どもの姿・活動	保育者の援助・配慮
10：00	 ●保育者 ○子ども	○絵本「サンタのいちねん」を見る ・クリスマスについて話を聞く。	・次の活動に関係のある絵本を読み，子どもたちの期待を高めるようにする。 ・絵本を読んだ後クリスマスについて子どもたちに聞きながら進められるようにする。
10：15	・コーヒーフィルター（1人4枚），画用紙，星，絵具，カップ，新聞紙など各グループごとに準備しておく。 ・落ち着いて制作できるように少人数のグループに分け，グループごとにできるよう，机を4台準備しておく。	○クリスマスツリーを作る ・スモックを着る。 ・ハサミ，のりなどを準備する。 ・作り方を聞く。 ・コーヒーフィルターに絵具をつけ染める。 ・染めたコーヒーフィルターに指に絵具をつけてスタンピングをする。 ・色画用紙で，鉢・木の幹・星などを作る。 ・のりで貼る。	・汚れてもいいようにスモックを着るように声をかけ，必要な道具を知らせイスに座るようにする。 ・説明をする際，1つ1つの工程をわかりやすく丁寧にする。 ・作りたいものやイメージしたものを察しながら，各グループに保育者も一緒に参加し，作る楽しさを共有する。 ・子どもたちのイメージが膨らむような素材を準備しておき，子どもの気づきに共感しながら，自分たちで考え意欲をもち取り組めるようにする。 ・作り方がわからない子どもには，イメージがもてるようにアイデアを一緒に考えながら本人の思いをくみ取り進めていけるようにする。 ・材料の補充ができるように準備しておく。
10：40	・片づけやすいように，場所にわかりやすく目印をつけておくようにする。	○片づけをする	・片づける場所を伝え，子どもと一緒に片づけられるように声をかけたり，手伝ったりする。

● 図10-4 ●　3歳児部分実習指導案例

（著者作成）

年　月　日（　）		5歳児　　□□組　（男児　○名，女児　△名）	
		担任　○○　○○	

| <td colspan="4">

<table>
<tr><td rowspan="1">子どもの姿</td><td colspan="3">
・気の合う友だちとかかわって遊ぶ姿が多く，友だち関係も広がってきている。一方で友だちの仲間に入りにくく，特定の子どもや保育者とのかかわりを強く求めてくる子どももいる。
・グループ活動を通して友だちとの関係が密になってきている。
・縄跳びや鉄棒に興味がない子どもや自信がなくやろうとしない子どももいる。
・友だちと協力して活動に取り組む姿も見られるようになってきている。
</td></tr>
</table>

</td> | | | |

子どもの姿	・気の合う友だちとかかわって遊ぶ姿が多く，友だち関係も広がってきている。一方で友だちの仲間に入りにくく，特定の子どもや保育者とのかかわりを強く求めてくる子どももいる。 ・グループ活動を通して友だちとの関係が密になってきている。 ・縄跳びや鉄棒に興味がない子どもや自信がなくやろうとしない子どももいる。 ・友だちと協力して活動に取り組む姿も見られるようになってきている。
主活動	・進化じゃんけんゲームをする。
ねらい	・自分なりの目的をもち，身体を動かす楽しさを味わう。 ・いろいろな友だちとかかわりながら身体を動かしてじゃんけん遊びを楽しむ。

時間	環境構成	予想される子どもの姿・活動	保育者の援助・配慮
10：00	●保育者 ○子ども かご	○リズム室に移動する	・活動に期待がもてるように話し方を工夫し，移動できるようにする。
10：05	・ビニールテープで線を引いておく。 ・玉入れの玉（2色），かご4個を準備しておく。	○進化じゃんけんゲームをする ・手紙が届く。 ・進化じゃんけんをする。 ・たまご ・おたまじゃくし ・カエル	・前もってじゃんけんをする相手や進化する動きなどのルールを押さえておく。 ・進化していく一連の流れを一通り見せ，理解できるようにする。 ・参加しにくい子どもには声をかけ活動に参加できるようにする。 ・支援を要する子どもたちは，加配保育者と連携を取りながら，進めていけるようにする。 ・同じ動作の友だちを見つけられるように促し，いろいろな友だちとじゃんけんができるようにしていく。 ・友だちとのつながりを楽しんでいる姿や，チームで協力し合っている姿を認める。
10：45	・活動について振りかえりながら，楽しかったことやうれしかったことなど，クラスみんなで共感できるように話ができる場を設ける。	○活動について振りかえる	・頑張ったこと，工夫したことなど遊びの感想をみんなで伝えあい，満足感がもてるようにする。また，次回への期待がもてるようにつなげていく。

● 図10-5 ●　5歳児部分実習指導案例

（著者作成）

【引用・参考文献】
1）文部科学省『幼稚園教育要領解説〈平成30年3月〉』 フレーベル館，2018年
2）厚生労働省『保育所保育指針解説〈平成30年3月〉』 フレーベル館，2018年

お薦めの参考図書

① 文部科学省『幼稚園教育指導資料第5集 指導と評価に生かす記録 平成25年7月』チャイルド本社，2013年
② 文部科学省『幼児の思いをつなぐ指導計画の作成と保育の展開 令和3年2月』チャイルド本社，2021年
③ 田中亨胤監，山本淳子編著『改訂新版 実習の記録と指導案』ひかりのくに，2018年
④ 大元千種監『書き方・あそび・保育のコツがわかる 実習の日誌と指導案サポートブック』ナツメ社，2016年
⑤ 片山紀子編著『新版 保育実習・教育実習の設定保育』朱鷺書房，2012年

ま と め

1 記録簿を基にして，自分の保育を振りかえり，評価・反省することで，次の保育の改善になり，保育者の資質向上につながる。また，子どもの日々の記録は，子どもの成長・発達の記録でもあり保育者が子ども理解を深めるためのツールでもある。

2 記録簿の記入にあたっては，保育を記録する観点を明確にし，簡潔に記録することが重要である。

3 保育の記録は，毎日の出来事，保育の流れを記述するだけでは，次の保育に生かす記録とはならない。そのためには，保育を振りかえっての気づき，わかったことなどを考察し評価・反省を記述することが必要である。

4 指導計画の作成にあたっては，まず子どもたちの実態，その日に至るまでの保育の流れ（子どもたちの興味・関心など）を把握して作成しなければならない。

5 指導案は，保育者が今の子どもの発達を見据え，この子どもたちに今どんな力が育とうとしているのか，また，今どのような経験を積み重ねることが望まれるのかを考え，指導案を作成しなければならない。

6 指導案は，子どもを主体として作成するものである。保育者が主体となりさせるものではない。

第11章

小学校国語科における「言葉」の指導

1 小学校学習指導要領 国語科

（1）国語科の目標

　遊びをとおしてさまざまなことを学んできた子どもたちは，小学生になると教科などの学習をとおして学びを深めていく。「言葉」の学習において重要な小学校の学習指導要領**国語科**の目標は次のとおりである。

国語科

> 　言葉による見方・考え方を働かせ，言語活動を通して，国語で正確に理解し適切に表現する資質・能力を次のとおり育成することを目指す。
> ① 日常生活に必要な国語について，その特質を理解し適切に使うことができるようにする。
> ② 日常生活における人との関わりの中で伝え合う力を高め，思考力や想像力を養う。
> ③ 言葉がもつよさを認識するとともに，言語感覚を養い，国語の大切さを自覚し，国語を尊重してその能力の向上を図る態度を養う[1]。

　教科の目標では，まず，国語科において育成を目指す資質・能力を国語で正確に理解し適切に表現する資質・能力とし，国語科が**国語**で理解し表現する言語能力を育成する教科であることを示している。

国語

　また，『幼稚園教育要領解説』第2章第2節-4 言葉の獲得に関する領域「言葉」には，「経験したことや考えたことなどを自分なりの言葉で表現し，相手の話す言葉を聞こうとする意欲や態度を育て，言葉に対する感覚や言葉で表現する力を養う[2]」と明記されていることから，小学校の国語科において育成を目指す資質・能力が，幼稚園での学びのうえにあることがわかる。

　「言葉」の大切さを自覚し，「言葉」に対する関心を高め，話したり聞

いたり書いたり読んだりすることが，子ども一人一人の言語能力を向上
させていくのである。

（2） 学年の目標―第１学年および第２学年

　各学年の目標は，教科の目標に示す①，②，③に対応して，２学年の
まとまりごとに，示されている。ここでは，幼稚園や保育所，こども園
などとの接続に注目し，第１学年および第２学年の目標を紹介する。

① **知識及び技能** 　日常生活に必要な国語の知識や技能を身に付けるとともに，我が国の言語文化に親しんだり理解したりすることができるようにする。 ② **思考力，判断力，表現力等** 　順序立てて考える力や感じたり想像したりする力を養い，日常生活における人との関わりの中で伝え合う力を高め，自分の思いや考えをもつことができるようにする。 ③ **学びに向かう力，人間性等** 　言葉がもつよさを感じるとともに，楽しんで読書をし，国語を大切にして，思いや考えを伝え合おうとする態度を養う[3]。

知識及び技能

思考力，判断力，表現力
　等

学びに向かう力，人間性
　等

　各学年の目標を２学年まとめて示しているのは，児童の発達の段階や
中学校との関連に配慮しつつ，児童や学校の実態に応じて各学年におけ
る指導内容を重点化し，十分な定着を図ってほしいという意図が込めら
れている。

　「学びに向かう力，人間性等」は，「知識及び技能」および「思考力，
判断力，表現力等」の育成を支えるものであり，併せて育成を図ること
が重要である。「学びに向かう力，人間性等」は，幼稚園や保育所，こど
も園などでも遊びをとおして子どもたちに育んできたものである。**幼・
保・小が連携**して，子どもたちの「言葉」の力を育てていくという認識
をもつことが大切である。

幼・保・小の連携

◆2 平仮名に関する指導

（1）話し言葉

1）音節とアクセント

　平仮名は，拗音（ねじれる音）の表記などを除けば，一文字が一音節に対応する文字である。児童の発達や学習の状況に応じて，一文字ずつ文字と音とを対応させて読むことが有効である。

　また，国語の**アクセント**は，一般に**音節**の高低として理解される。実際に発音を聞いたり発音したりすることをとおして，「言葉」の力をつけていくことが大切である。

平仮名

アクセント
音節

2）姿勢と口形

　姿勢は，相手に対する印象などに加え，発声をしやすくしたり明瞭な発音をしたりする基礎となるものである。背筋を伸ばし，声を十分に出しながら落ち着いた気持ちで話すことが求められる。

　また，正しい発音のために，唇や舌などを適切に使った**口形**を身につけられるようにすることが大切である。「ライオン」を「ダイオン」，「サカナ」を「チャカナ」と発音するなど，ら行やさ行などに幼児音が残る児童も見られる。そこで，母音の口形および発音，発声について適切に指導するとともに，一音一音を識別させ，安定した発声や明瞭な発音へと導いていくようにすることが大切である。

姿勢

口形

●図11-1● 母音の口形

（イラスト：宮前公美）

（2）書き言葉

1）「し」の学習指導案

　1年生は，国語科の学習を楽しみにしている。なかでも，鉛筆で文字を書くことに入学した喜びを感じている児童も多い。平仮名の書く指導では，易しい字形の「し」「く」「つ」などから始めることが多い。ここでは，「し」の**学習指導案**（4月）表11-1を紹介する。ただ，いきなり「し」を書くのではなく，書くときの姿勢に注目させ，顔の位置，背筋，イスの座り方，足の着き方，鉛筆を持たない方の手の置き方などに注意

学習指導案

● 表11-1 ●　国語科学習指導案（4月）

○本時の目標
　・字形や筆順に注意しながら「し」を書くことができる。
　・「し」に興味をもって取り組むことができる。

時間	学習活動	指導上の留意点・評価★
0	○本時のめあてを確かめる。	○「し」の文字を学習することを知らせ，意欲を高める。
	めあて：「し」をかこう！	
	○「し」に親しむ。	○「し」を発音したり，身体を使って表現したりさせる。
	○ペア学習を行う。	○「し」の形が何に似ているかをペアで伝え合わせる。
	○「し」が含まれている言葉を発表する。	○「し」が含まれている言葉を発表させ，言葉の意味や音節を確認させる。 ★「し」に興味をもっている（発言）。
10	○字形や筆順に気をつけて「し」を書く。	○まず，空書きをする。次に，始筆，走筆，終筆がよくわかるようにリズムよく大きく板書する。 ・ます目を十字で区切る。 ・4つのます目に番号をつけておく。 ・姿勢や鉛筆の持ち方を再確認させる。 ・曲げる，払うに注意してノートに「し」を書かせる。 ★字形や筆順に注意しながら書いている（ノート・態度）。
40 45	○友だちの「し」のよいところを発表する。	○友だちの「し」のよいところを発表させる。

（著者作成）

しながら，まずは直線や曲線を書く**運筆練習**を十分に行うことが大切である。

運筆練習

2）長音，拗音，促音，撥音

　長音とは「おとうさん」のように「のばす音」のことである。**拗音**とは「ちゃ」「ちゅ」「ちょ」のように「ねじれる音」のことである。また，**促音**とは「ねっこ」のように「つまる音」のことであり，**撥音**とは，「ん」の字に当たる「はねる音」のことである。

長音
拗音

促音
撥音

　これらの音は，1年生にとって習得が難しく，その表記に誤りが多くみられる。発音に関する指導と関連させるとともに，日々の学習の積み重ねのなかで身につけていくことができるようにすることが大切である。

　ここでは，促音の学習指導案（5月）表11-2を紹介する。「ねこ」と促音を含む語の「ねっこ」を比べて違いを理解し，促音を含む語を正しく読み書きして言葉への関心をもつ学習である。

3）助詞「は」「へ」「を」

　助詞の「は」「へ」「を」は，**くっつきの言葉**ともいわれている。助詞の「は」は，「は」と書いて「わ」と読み，助詞の「へ」は，「へ」と書いて「え」と読む。文字と音が異なるこれらの助詞は，1年生にとっては定着までに時間がかかり，その表記にも誤りが多くみられる。視写や聴写などを取り入れながら繰りかえし指導することが大切である。

くっつきの言葉

4）句　読　点

　句点については，文を書く際には，文末に必ず句点「。」を打つように指導し，文意識を育てていくようにすることが大切である。**読点**「，」については，文頭の接続語などの後，主語の後，並列する語の後など必要な箇所に打つことを繰りかえし指導し，児童に理解させることが大切である。

句点

読点

5）かぎ（「 」）

　かぎ（「 」）については，会話文におけるかぎ（「 」）の使い方を中心に

かぎ

○本時の目標
• 促音を含む語を正しく読み書きして，言葉への関心をもつことができる。

時間	学習活動	指導上の留意点・評価★
0	○本時のめあてを確かめる。	○促音を含む語の学習をすることを知らせ，意欲を高める。
	めあて：ちいさな「つ」のよみかきをしよう！	
5	○「ねこ」と「ねっこ」の絵を見てさまざまな読み方で発音する。	○「ねこ」と「ねっこ」の絵を黒板に掲示し，さまざまな読み方で発音させ，促音の発音と表記に慣れさせる。 ① リズムをとる（タンバリン・手打ちなど）。 ② 掛け合いをする（ペア・グループなど）。 ③ 動作化を取り入れる。 • 促音が入ることで発音や意味が異なることに気づかせる。 ★促音に関心をもっている（発言）。 ★促音を含む語を正しく読んでいる（発言・態度）。
20	○促音を含む語をノートに書く。	○ノートに「ねこ」と「ねっこ」を書かせる。 ★促音を含む語を正しく書いている（ノート・態度）。
30 45	○促音を含む語を発表する。	○促音を含む語の意味や音節を確認させる。 • まっくら，せっけん，はしったなど。

（著者作成）

指導し，かぎ（「 」）を使って書くときは改行をすることもあわせて指導することが大切である。また，強調などその他の箇所でもかぎ（「 」）が使われていることにも気づかせるように例文を提示するなど，指導法を工夫することが大切である。

3 国語科の指導にあたって

　国語科の指導にあたって配慮するべきことはたくさんあるが，主体的・対話的で深い学びと幼児期との関連，障がいのある児童への配慮を中心に述べたいと思う。

（1）　主体的・対話的で深い学び

　国語科の指導にあたっては，**主体的・対話的で深い学び**の実現に向け
た授業改善を行うことが重要である。先に紹介した学習指導案表11-1,
表11-2は，主体的・対話的に学習が進むように工夫されているだけで
なく，音楽科の「リズム打ち」や特別活動の「友だちのよさへの気づき」
などが取り入れられている。これらの学習指導案のように**他教科などと
連携**しながら深い学びに高めていくための工夫をすることが大切である。

主体的・対話的で深い学び

他教科などとの連携

（2）　幼児教育との関連

　幼児期は，遊びをとおして，周りのひとやもの，自然などの環境に身
体ごとかかわり全身で感じるなど，活動と場，体験と感情が密接に結び
ついている。小学校低学年の児童も同じような**発達の特性**をもっており，
具体的な体験をとおして学んでいることを忘れてはいけない。

発達の特性

　児童が主体的に自己を発揮しながら国語科で「言葉」の学びを友だち
と深めるためには，幼稚園教育要領に示す「**幼児期の終わりまでに育っ
てほしい姿**」との関連を考慮し，国語科においても具体的な体験を取り
入れた指導を工夫することが大切である。

幼児期の終わりまでに育ってほしい姿

（3）　障がいのある児童への配慮

　通常の学級においても発達障がいを含む**障がいのある児童**が在籍して
いる可能性があることを前提に，学びの過程において考えられる困難さ
に対する指導を工夫することが大切である。

障がいのある児童

　たとえば，文章を目で追いながら音読することが困難な場合には，読
むところがわかるように教科書の文を指などでさしながら読んだり，読
む部分だけが見えるスリットなどを活用したりするということである。

　個々の児童の困難さに応じた指導内容や指導方法を工夫しながら国語
科の指導にあたることが大切である。

　国語科は他教科などの「**学びの基礎**」になる教科である。国語科の授
業だけでなく**日常生活**においても「言葉」がもつよさに気づかせるとと

学びの基礎

日常生活

もに，**伝え合う力**を高めていくことが重要である。

【引用・参考文献】

1）文部科学省『小学校学習指導要領解説 国語編〈平成29年告示〉』東洋館出版社，2018年，p.11

2）文部科学省『幼稚園教育要領解説〈平成30年3月〉』フレーベル館，2018年，p.213

3）前掲書1），p.14

4）桂 聖・廣瀬由美子編著『授業のユニバーサルデザインを目指す 国語授業の全時間指導ガイド 1年』東洋館出版社，2012年

5）東京書籍『新しい国語一上 教師用指導書 研究編』東京書籍，2020年

6）前掲書1），pp.11-44

7）文部科学省『幼稚園教育要領〈平成29年告示〉』フレーベル館，2017年

8）吉田裕久・水戸部修治編著『平成29年版 小学校新学習指導要領ポイント総整理 国語』東洋館出版社，2017年

お 薦 め の 参 考 図 書

① 二宮龍也『書くことが好きになる楽しい作文』学事出版，2003年

② 吉永幸司『はじめてのひらがな，カタカナ 一年生担任の京女式国語の教育技術』小学館，2012年

③ 成家亘宏編著『生きてはたらく言葉の力を身につけるために 子どもが輝く国語科授業 言語事項編』東洋館出版社，2001年

④ 桂 聖・廣瀬由美子編著『授業のユニバーサルデザインを目指す 国語授業の全時間指導ガイド 1年』東洋館出版社，2012年

ま と め

1 国語科は、「国語」で理解し表現する言語能力を育成する教科である。

2 姿勢は、発声をしやすくしたり明瞭な発音をしたりする基礎となるものである。背筋を伸ばし、声を十分に出しながら落ち着いた気持ちで話すことが大切である。

3 正しい発音のために、唇や舌などを適切に使った口形を身につけられるようにすることが大切である。

4 文字を書くときは、姿勢に注目させ、顔の位置、背筋、イスの座り方、足の着き方、鉛筆を持たない方の手の置き方などに注意しながら、まずは直線や曲線を書く運筆練習を十分に行うことが大切である。

5 長音、拗音、促音、撥音や助詞の「は」「へ」「を」などの表記には多くの誤りがみられる。発音に関する指導と関連させるとともに、視写や聴写などを取り入れ、日々の学習の積み重ねのなかで身につけていくことができるようにすることが大切である。

6 国語科の指導にあたっては、幼児教育との関連をはかり、障がいのある児童への配慮を行うという視点をもつことが大切である。そして、他教科などとの連携をはかり、主体的・対話的で深い学びの実現に向けた授業改善を行うことが重要である。

7 国語科は他教科などの「学びの基礎」になる教科である。国語科の授業だけでなく日常生活においても「言葉」がもつよさに気づかせるとともに、伝え合う力を高めていくことが重要である。

第**12**章

これからの幼児教育の課題と保育内容領域「言葉」

　本書では，幼稚園教育要領・保育所保育指針・幼保連携型認定こども園教育・保育要領を基に，保育内容言葉の獲得に関する領域「言葉」の基本原理とその指導計画・方法・評価，および乳・幼児期の子どもの言語発達とその支援のあり方について述べてきた。また，「言葉」以外の4つの領域（「健康」「人間関係」「環境」「表現」）と「言葉」の融合による保育実践のあり方や，気になる子どもに対する「言葉」の支援のあり方についても考察した。それは，実際の保育現場には，保育内容5領域という枠組みを超えたところに，多数の豊かで優れた実践事例が存在するためである。また，保育所・幼稚園・小学校におけるさまざまな「言葉」実践事例を紹介してきた。

　これらをふまえて，本章では，現代の幼児教育における課題を整理したうえで，あらためて「言葉」とはどのようなものなのかを総括し，より豊かな「言葉」の世界の可能性について考えてみたい。

1　家庭・地域の子育て支援における現状と課題

（1）　法令上の規定による子ども観

　教育基本法第5条では，「国民は，その保護する子に，別に法律で定めるところにより，普通教育を受けさせる義務を負う」とし，親または養育者（以下保護者）には，自分の監護する子どもに教育を受けさせる義務があることを明記している。同時に，義務教育として行われる普通教育は，「各個人の有する能力を伸ばしつつ社会において自立的に生きる基礎を培い，また，国家及び社会の形成者として必要とされる基本的な資質を養う」ことを目的とし，ひとが社会的に生きていくためには，

教育基本法第5条

教育が必要であることを明確に示している。また，同法**第10条**によると，教育基本法第10条保護者は，「子の教育について第一義的責任を有するもの」と位置づけられ，子どもに対して「生活のために必要な習慣を身に付けさせるとともに，自立心を育成し，心身の調和のとれた発達を図るよう努める」ように養育する責任があることが明記されている。さらに同法**第11条**では，教育基本法第11条「幼児期の教育は，生涯にわたる人格形成の基礎を培う」重要な発達段階と位置づけられているため，子育て支援の観点から，「幼児の健やかな成長に資する良好な環境」の整備および振興が，国および地方公共団体の努力義務であることが示されている。

　一方，**保育所保育指針解説**第1章 総則 1-(5)「保育所の社会的責任」保育所保育指針解説では，保育所は「地域において最も身近な児童福祉施設」であり，「子育て家庭や地域社会に対しその役割を果たしていくことは，社会的使命」を持つと明記されている。また，第4章 子育て支援 3「地域の保護者等に対する子育て支援」では保育所直接利用者以外の保護者に対しても，「児童福祉法第48条の4において，保育所における通常業務である保育に支障をきたさない範囲で，情報提供と相談及び助言を行うよう努めること」とある[1]。

　これらの法令や指針をふまえるならば，子どもを慈しみ大切に育むこと，子どもの安全・安心な暮らしを保障することは，保護者をはじめとした，すべての大人および社会の責任であるといえるだろう。とくに，言語発達においては，乳時期の円滑な愛着形成から三項関係の成立過程が重要な影響を与える。子ども・子育て支援のためには，子どもだけではなく，その背後にある保護者と家庭についても，社会全体で恒久的に支援するシステムや環境整備が必要となる。

（2）家庭環境と児童虐待

1）児童虐待の現状

　保護者や地域の大人一人一人は，日々の生活のなかで，さまざまな子どもの「言葉」を受けとめ，向き合い，かかわろうとする。だが，家庭においては，大人側の都合や余裕のなさ，家庭環境要因などから，前言語段階の子どもの話をうまく聞き取れなかったり理解できなかったりす

ることや，子どもの気持ちや想いを丁寧に受けとめ即時に対応すること
が難しい場面も多々あるだろう。

　たとえば，親が家事で忙しくしているときに，子どもが親に対して
「あのね，今日ね，○○ちゃんがね」など，たどたどしい言葉で話しかけ
ようとしたとする。そのとき，「今，忙しいからあとでね」といった，そ
の場しのぎの対応や，場合によっては否定的な応答をせざるを得ないこ
ともあるだろう。しかし，子どもにとっては，自分の気持ちや存在その
ものが親から否定されたように感じ，戸惑いや不満，あきらめといった
感情を持ちやすくなる。このような感情・認識のずれが，親子関係の歪
みや児童虐待の要因にもなり得る。

　「**児童虐待の防止等に関する法律**」第2条では，「保護者（親権を行う者，
未成年後見人その他の者で，児童を現に監護するものをいう。以下同じ。）が
その監護する児童（18歳に満たない者をいう。以下同じ。）について行う
次に掲げる行為」として，身体的虐待，性的虐待，放置，暴言・家庭内
暴力による心理的虐待の4点を示している。子どもの自由気ままなふる
まいや言動，危険な行為に対して，保護者は，「**躾（しつけ）**」として言
葉で注意し，言い聞かせようとしたり，叱責したりする。それが，徐々
にエスカレートし，感情・行動がうまくコントロールできない場合，保
護者側の認識では「躾（しつけ）」であるものが，第三者的には児童虐待
に近い行為とみなされてしまう。それは，2020（令和2）年度**児童相談**

児童虐待の防止等に関す
る法律

躾（しつけ）

児童相談所

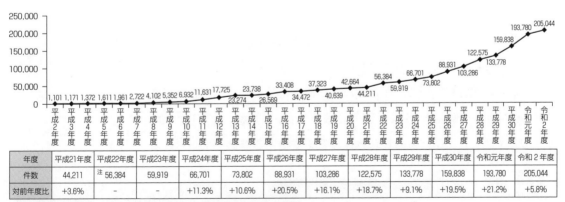

● 図 12-1 ● 令和2年度児童相談所における児童虐待相談対応件数の推移

年度	平成21年度	平成22年度	平成23年度	平成24年度	平成25年度	平成26年度	平成27年度	平成28年度	平成29年度	平成30年度	令和元年度	令和2年度
件数	44,211	注56,384	59,919	66,701	73,802	88,931	103,286	122,575	133,778	159,838	193,780	205,044
対前年度比	+3.6%	－	－	+11.3%	+10.6%	+20.5%	+16.1%	+18.7%	+9.1%	+19.5%	+21.2%	+5.8%

（注）平成22年度の件数は，東日本大震災の影響により，福島県を除いて集計した数値。

出典：厚生労働省「令和2年度 児童相談所での児童虐待相談対応件数」（https://www.mhlw.go.jp/content/000863297.pdf, 2021
年12月10日閲覧）

所における児童虐待相談対応件数が過去最高となったことからも明らかなことである[2]（図12-1）。

2）子ども・家庭支援と保育

　家庭は，子どもが生まれ育ち，社会とかかわるための基盤を学ぶための最小単位集団である。和やかな親子関係や家庭環境によって，子どもの愛着形成や基本的信頼感が育まれる。だが，少子高齢化の進展にともなう家族関係・家庭環境の多様化と，大人側の繁忙さや都合が優先されるようになると，それを前提とした「家庭内ルール」が示される。これらは，子どもの生理的サイクルと，必ずしも一致するとは限らない。子どもの生活や自由な言動は制約・制限される。たとえば，親の「周りのひとが怒るから静かにしなさい」「○○をしてはいけない」「ちゃんと○○なさい」といった「ねばならない」発言や叱責によって，子どもは自分の気持ちや言動を抑圧したり，我慢したり，調整したりする。それは，保護者から褒められるような「よい子」になろうという，子どもなりの努力なのかもしれない。

　このような状態が慢性化すると，子どもの欲求や自由な発想，主体的な発声・発語は制限され，過度な**ストレスやフラストレーション**状態に陥ることもある。子どもにとって，自分の発する言葉が相手にうまく伝わらずやりとりが成立しない状況は，不満やいらだちとなる。それらを解消するために，学校園で他児の遊びを妨害したり，動植物やものに対する攻撃性へと転化する場合もある。また，チックなどの不随な神経症的身体反応として現れる場合や，いわゆる**非認知能力**の発達全般にも影響を与える可能性があると考えられる。

ストレス
フラストレーション

非認知能力

　これからの保育において，保育者には，個々の子どもの置かれた家庭状況についても理解し寄り添い，園での様子を丁寧に観察しながら，保護者と情報を共有し，子どもの育ちと保護者を支援する姿勢が求められる。

（3）　ICT化による家庭・育児環境の変化

　保護者の子育てに対する不安や負担，リスク軽減を目的とした家庭・子育て支援は，地方自治体や民間NPO団体などによるさまざまな実践

活動として行われている。また，子育てに関する情報は，メディア媒体を通して多数発信されている。とりわけ，スマートフォン（以下スマホ）やSNSの普及によって，現代の育児環境は急激に変化している。たとえば，乳児を抱っこしながらその片手では常にスマホの操作している保護者の姿，乳・幼児がスマホをいじり遊ぶ光景も，最近では珍しいものではなくなりつつある。このような「**スマホ育児**」に対して，米国小児科学会ガイドライン[3]では，2歳未満の子どもの認知，言語，運動，社会的・感情的発達のために必要なものは，親や養育者との実感をともなう実体験であること，1歳半未満の子どものデジタルメディアの使用は避けるべきであると指摘している。一方，日本小児科医会も，子どもの育ちにおける直接体験やひととひととのふれあい体験の重要性，過度なスマホ利用による言語発達への悪影響を指摘している[4]。

スマホと子どもの発達の関係性について，まだ十分に明らかにされているとはいえない。スマホをはじめとした情報ツールやICTの普及によって，家庭および保育・教育環境は急速に変わりつつある。このような環境要因の変化もふまえて，今後の子育て支援のあり方の長所・短所についても工夫・改善する必要があるだろう。

スマホ育児

2 幼稚園・保育所・幼保連携型認定こども園における現状と課題

（1）2017（平成29）年3月幼稚園教育要領などの改訂

2017（平成29）年3月幼稚園教育要領などの改訂にともない，「**幼稚園教育において育みたい資質・能力及び幼児期の終わりまでに育ってほしい10の姿**（以下「10の姿」）」が示された（第1章p.4参照）。この改訂にともない，保育と教育の垣根はさらに低くなり，幼・保・小における発達および教育課程の連続性を視野に入れた学習方略指導の両面において，保育・教育を行うことが，保育士・教員には求められる。

ここで懸念されることは，今回の改訂をふまえた保育・教育現場における過剰な対応である。とくに乳・幼児期は，他の世代以上に心身の発

幼稚園教育において育みたい資質・能力及び幼児期の終わりまでに育ってほしい10の姿

達に個人差がありその幅は広い。たとえば，発達検査の基準では，子ど
もがひとりで立ち，歩けるようになるのは，おおむね1歳前後から1歳
6ヶ月頃，初語の出現はおおむね1歳前後である。この「おおむね」と
いうところが個人差の幅である。同じ1歳児クラスに在籍する幼児であ
っても，日齢・月齢によって，発達にはかなりの差異がある。

　子どもの様子は，日々刻々と変化している。そのような子ども一人一
人の発達と丁寧に向き合いながら，保育士・教員は，生身の子どもと
日々かかわり，参与的に観察しながら記録を蓄積し，それらをふまえて
親や養育者と密に情報を共有しながら保育・教育にあたっている。「10
の姿」は，保育・教育の**到達目標**を示すものではなく，あくまでも発達 **到達目標**
の**方向目標**として理解する必要があり，個々の子どもの縦断的観察によ **方向目標**
る評価上の工夫が求められる。

（2）　特別な保育・教育的ニーズを持つ子どもと保護者・家庭支援

　特別支援教育は，学校教育法の改正をふまえて，2007（平成19）年4 **特別支援教育**
月からすべての学校園で制度化され，各学校園では，**インクルーシブ**な **インクルーシブ**
観点からさまざまな実践を行っている。また，療育などを必要とする子
どもとその保護者・家庭に対する支援のあり方について，省庁横断型の
施策として，2017（平成29）年12月より文部科学省と厚生労働省によ
る「**家庭と教育と福祉の連携［トライアングル］プロジェクト**」報告な **家庭と教育と福祉の連携**
どが示されている[5]。このような状況をふまえて，ここでは改めて障が **「トライアングル」プ**
いとは何かを，以下に示す。 **ロジェクト**

　世界保健機構（WHO）による，国際障害分類（ICIDH; International
Classification of Impairments, Disabilities, and Handicaps, 1980）では，障
がいのレベルは，① 機能障害（Impairment），② 能力障害（Disability），
③ 社会的不利（Handicap）の3つに分類することによって，すべての障
がいの概念を包括的に示した。この改訂版が，国際生活機能分類（ICF;
International Classification of Functioning, Disability and Health, 2001）[6]で
ある。この改訂によって，障がいの3つのレベルに関する用語表現は，
現象機能（ネガティブ特性）そのものを主観点としたものから，より一人
のひとが社会で生きていくための生活機能（実態特性）を重視するもの

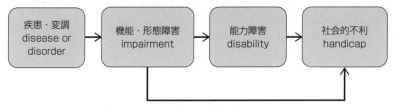

● 図 12-2 ●　国際障害分類モデル（ICIDH）

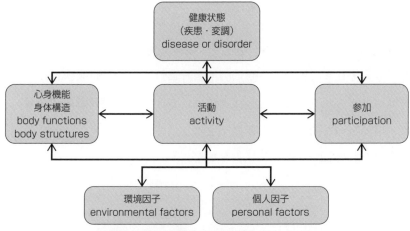

● 図 12-3 ●　国際生活機能分類モデル（ICF）

上記 2 図の出典：WHO「International Classification of Functioning, Disability and Health
（ICF）」（2021 年 12 月 10 日閲覧），厚生労働省「「国際生活機能分類—国際障害分
類改訂版」（日本語版）の厚生労働省ホームページ掲載について」（https://www.
mhlw.go.jp/houdou/2002/08/h0805-1.html, 2021 年 12 月 10 日閲覧）より著者
作成

へと変化した[7]（図 12-2，図 12-3）。

　このような用語の転換によって，障がい概念や認識もノーマライゼー
ション（normalization）からインテグレーション（integration, 統合），イ
ンクルージョン（inclusion, 包括・包含）へと変化した。

　障がいを持つ子どもだけではなく，いわゆる**気になる子ども**は，その
特性要因ゆえに，何らかの身体・能力・社会性の発達におけるアンバラ
ンスを持つ子どもである。彼ら彼女らは，その特性要因によって，社会
的な生きにくさや困難を抱えつつも，一人のひととして家庭・地域・学
校園などで暮らしている。

　その一方で，その特性要因によって突出した才能による表現世界を持
ち，社会的に自立し，自己実現を図ろうとしているケースも少なからず
ある。このようなケースには，子ども本人の努力によるものだけではな
く，子どもの持つ特性や能力・可能性を見極め，それを引き出し，さら

気になる子ども

に伸ばそうとする保護者の想いや，保護者を含めた家庭を支援しようという地域や学校園からの理解や働きかけや，介入的な療育・教育的支援や環境整備があったのかもしれない。そのようにとらえると，特別支援教育の対象は障がいを持つ子ども・気になる子どもだけではなく，保護者・家庭であり，包括的に支援することが求められている。そのためには，学校園だけで対応するのではなく，地域で活躍する医師，保健師，療育・福祉の専門家，保育士・教員などが，それぞれの専門性を活かしながら連携・協力し，協同する必要があるだろう。そして，適切な療育・教育方針を示すものとして，よりきめ細やかな**個別の指導計画**および**個別の教育支援計画**の充実が求められる。これらの様式については，各自治体教育委員会，医療・福祉関係機関において任意に定められている場合が多いが，表12-1，表12-2，表12-3にサンプルを示す。

個別の指導計画

個別の教育支援計画

氏名		性別		生年月日		
住所		電話番号				
関係施設						
主障がい 診断名		併せ有する 障がい				
療育手帳	（　　.　　.　　交付）	身体障害者手帳		（　　.　　.　　交付）		
精神障害者保健福祉手帳				（　　.　　.　　交付）		
保護者氏名		緊急連絡先	・			
住所			・			

家族構成	家族構成図		氏名	生年月日・学年	続柄

出産前後の状況	時期	項目	備考
	胎生期		
	出生期		
	乳・幼児期		

療育の状況	療育機関名	期間	療育内容

前籍校園の状況	学校園名	期間	備考

医療にかかわる特記事項

生育歴にかかわる特記事項

（著者作成）

● 表12-2 ● 個別の教育支援計画（特別支援学校園）サンプル

氏名等	
担任・記入者	

1 これまでの支援内容および支援上の課題

2 現在の生活・将来の生活に関する希望

(1) 本人の希望	
(2) 保護者の希望	

3 本人・保護者の希望を基に考えられる支援計画

(1) 現在の生活の充実のための目標	
(2) 卒業後の生活をめざした目標	

4 具体的な支援

(1) 家庭生活	(2) 余暇・地域生活	(3) 医療・健康	(4) 教育相談・進路指導

5 学習支援の中心的な内容

(1) 学習場面	(2) 具体的な課題	(3) 手立て・配慮事項

6 評価および今後の課題

（著者作成）

● 表 12-3 ●　就学・就労サポートシートサンプル

氏名等	
担任・記入者	

1　これまでの取り組み

(1) 所属学校園・機関	
(2) 家庭生活	
(3) 余暇・地域生活	
(4) 健康・安全・相談	

2　これまでの取り組みの評価

3　これからの計画

(1) 所属学校園・機関	
(2) 家庭生活	
(3) 余暇・地域生活・卒業後の生活	
(4) 健康・安全・相談	

(著者作成)

〈引用文献〉

1）厚生労働省編『保育所保育指針解説〈平成 30 年 3 月〉』フレーベル館，pp. 26-28，339-340

2）厚生労働省「令和 2 年度 児童相談所での児童虐待相談対応件数」（https://www.mhlw.go.jp/content/000863297.pdf，2021 年 12 月 10 日閲覧）

3）American Academy of Pediatrics Council on Communications and Media. Media Use in School Aged Children and Adolescents. Pediatrics 2016; 138(5): e20162592.

4）日本小児科医会「子どもとスマホ」（https://www.jpa-web.org/information/sumaho.html，2022 年 3 月 1 日閲覧）

5）文部科学省・厚生労働省「家庭と教育と福祉の連携「トライアングル」プロジェクト ―障害のある子と家族をもっと元気に」（http://www.mext.go.jp/a_menu/shotou/tokubetu/material/1404500.htm，https://www.mhlw.go.jp/stf/seisakunitsuite/bunya/0000191192.html，2021 年 12 月 10 日閲覧）

6）WHO「International Classification of Functioning, Disability and Health（ICF）」（https://www.who.int/standards/classifications/international-classification-of-functioning-disability-and-health，2021 年 12 月 10 日閲覧）

7）厚生労働省「「国際生活機能分類―国際障害分類改訂版」（日本語版）の厚生労働省ホームページ掲載について」（https://www.mhlw.go.jp/houdou/2002/08/h0805-1.html，2021 年 12 月 10 日閲覧）

お薦めの参考図書

① 石上浩美編著『教育原理―保育・教育の現場をよりよくするために』嵯峨野書院，2018 年

② 鈴木みゆき・吉永早苗ほか編著『保育内容 表現（乳幼児教育・保育シリーズ）』光生館，2018 年

③ 小川圭子・矢野 正編著『実践にいかす 特別支援教育・障がい児保育の理論と支援』嵯峨野書院，2020 年

④ 小松正史『賢い子が育つ 耳の体操』ヤマハミュージックメディア，2017 年

⑤ 石上浩美・矢野 正編著『教育心理学―保育・学校現場をよりよくするために』嵯峨野書院，2016 年

まとめ

1 子どもの「言葉」は，子どもの欲求や願望，情動，能力の表出であるととともに，他者に対して自分の感情や意志を伝えようとする，能動的な行為である。

2 子どもの「言葉」の社会的発達要因は，愛着形成から三項関係の成立過程における親や養育者・保育者などとの基本的信頼関係形成がある。

3 子どもを慈しみ大切に育むこと，子どもの安全・安心な暮らしを保障することは，すべての大人および社会の責任であるといえる。そして，これを実現するためには，子育て中の保護者を，社会全体で恒久的に支援するシステムや環境整備が必要となる。

4 「児童虐待の防止等に関する法律」では，児童虐待とは，保護者による身体的虐待，性的虐待，放置，暴言・家庭内暴力による心理的虐待の4点の行為を示している。

5 スマートフォンやSNSの普及にともなう「スマホ育児」に対して，米国小児科学のガイドラインでは，「親や養育者との実感をともなう実体験」の必要性を指摘し，1歳半未満の子どものデジタルメディアの使用は避けるべきであると指摘している。

6 2017（平成29）年改訂幼稚園教育要領において示された「幼稚園教育において育みたい資質・能力および幼児期の終わりまでに育ってほしい10の姿」は，保育・教育における方向目標として示されたものであり，到達水準目標ではないことに留意しなければならない。

7 文部科学省と厚生労働省による「家庭と教育と福祉の連携［トライアングル］プロジェクト」報告では，療育・特別支援などを必要とする子どもとその保護者・家庭に対する支援のあり方について示されている。

おわりに

高 橋 登（大阪教育大学）

　幼児期の子ども達は急激に言葉の力を発達させますが，言葉の発達は様々な側面から考えることができます。新しい言葉を次々に覚え，それを使いこなして行く語彙の力，単語と単語を適切につなぎ合わせ，文を構成する文法の力は，それぞれが言葉の発達の重要な側面です。それだけでなく，一方的に自分の言いたいことだけを話すのではなく，時には自分の感情を抑えて相手の話を聞くコミュニケーションの能力も，幼児期の子ども達が発達させて行く大事な言葉の能力と言えるでしょう。子ども達は家庭の中だけでなく，幼稚園や保育所など，家庭の外で多様な人々と出会い，経験を積み重ねます。そうした経験の積み重ねが言葉の力を育てて行きます。

　現在の日本では多様な背景を持った子ども達が幼稚園や保育所などの幼児教育施設に通っています。貧困や虐待など，家庭に深刻な問題を抱えた子ども達もいます。そうした子ども達にとっては，幼児教育施設が心理的な安定を確保する場であることが望まれますが，その一方で，子ども達は乱暴な言葉を周囲に投げつけ，友だちと頻繁にトラブルになることもあります。そうしたときに，保育者は子どもの困った振る舞いだけに目を向けるのではなく，家庭の状況も視野に入れた支援が求められます。また，現在では，様々な言語的・文化的背景をもった子ども達も幼稚園や保育所に通っています。そうした子どもは，家庭では日本語とは異なる言語を用い，異なる文化のもとで生活をしています。日本の幼稚園や保育所は，日本の文化や生活習慣を前提としていますから，日本で生まれ育った子ども達や保育者にとって当然のことが，そうした子ども達にとってはとまどいや混乱を生むこともあります。現代の保育では，そうした文化の多様性を尊重することも求められます。保育者には日常生活の当たり前を疑うことも時には必要になります。さらに，様々な障がいのある子ども達も，障がいのない子ども達と共に学び，生活することが求められています。子ども達に関わる者は，こうした子ども達の多様性を知り，それぞれの子ども達が幼稚園や保育所で充実した生活を送れるように支援する必要があります。

　子ども達の「言葉の発達を支援する」ということは，こうした多様な背景を持った子ども達も含め，すべての子ども達が豊かな言葉を身につけることを支援することです。その場合の豊かな言葉とは，豊富な語彙や複雑な文を構成する能力だけでなく，友だちや周囲の人々との間で適切なコミュニケーションを取る能力であり，それは多様な個性を持った存在として互いの人格を認め合う能力でもあるのです。

● 重 要 語 句 集 ●

● 執 筆 者 一 覧 ●

【編著者】

石 上　　浩 美　　（奈良佐保短期大学）

【執筆者】（執筆順）

多 田　　琴 子　　（神戸常盤大学）　　　　　　　　　　　第 1 章

山 本　　淳 子　　（大阪キリスト教短期大学）　　　　　　第 2 章

石 上　　浩 美　　（編著者）　　　　　　　　　　　　　第 3 章～第 5 章，第12章

石 川　　恵 美　　（兵庫大学短期大学部）　　　　　　　　第 6 章

小 田　　浩 伸　　（大阪大谷大学）　　　　　　　　　　　第 7 章

作 野　　友 美　　（大阪芸術大学短期大学部）　　　　　　第 8 章

小 田　　真 弓　　（和歌山信愛大学）　　　　　　　　　　第 9 章

吉 田 香 代 子　　（奈良佐保短期大学）　　　　　　　　　第10章　1・2

福 鹿　　慶 子　　（奈良佐保短期大学）　　　　　　　　　第10章　指導案参考資料

宮 前　　桂 子　　（大阪総合保育大学）　　　　　　　　　第11章

髙 橋　　　登　　（大阪教育大学）　　　　　　　　　　　おわりに

●編著者紹介●

石上　浩美（いしがみ・ひろみ）

大阪府生まれ。大阪教育大学大学院教育学研究科修了（教育学），奈良女子大学大学院人間文化研究科博士後期課程単位修得退学。現在は京都市立芸術大学大学院音楽研究科博士後期課程在籍，奈良佐保短期大学地域こども学科准教授，京都精華大学・流通科学大学非常勤講師。専門は教育心理学，音楽心理学，教師教育学。協同学習および活動理論の立場から，集団体験活動を対象とした調査・研究を行っている。また，教職キャリア形成支援のための養成・採用・研修モデルの構築に関する調査・研究や，「音育」活動を媒介としたメタ認知の発達支援研究，合唱における響きと聴こえに関する研究にも，積極的・意欲的に取り組んでいる。科学研究費基盤研究C「妊娠期から産褥期の母親による歌唱の胎児・新生児への愛着促進の効果（代表：宮本雅子）」分担（2021-2024）

〈主著〉『教育原理―保育・教育の現場をよりよくするために』（編著，嵯峨野書院），『新・保育と表現―理論と実践をつなぐために』（編著，嵯峨野書院），『実践にいかす特別支援教育・障がい児保育の理論と支援』（分担，嵯峨野書院），『教育心理学―保育・学校現場をよりよくするために』（共編著，嵯峨野書院），『キャリア・プランニング―大学生の基礎的な学びのために』（共編著，ナカニシヤ出版），「子どものメタ認知発達を促す保育士の働きかけ―「音づくりの時間」事例調査から」（単著，『京都精華大学紀要』第52号），「「教員の自己形成およびキャリア形成支援モデル」の開発に関する研究―これからの教員養成・採用・研修がめざすもの」（単著，三田哲学会『哲学』144号），「協和性を維持するための合唱演奏者間相互作用についての研究(1)―ポストCOVID-19時代における独唱・合唱のあり方についてのアンケート調査より」（単著，京都市立芸術大学音楽学部・大学院音楽研究科研究紀要『Harmonia：研究紀要』51号）

新・保育と言葉――発達・子育て支援と実践をつなぐために　　《検印省略》

2022年5月18日　第1版第1刷発行

編著者　石　上　浩　美

発行者　前　田　　　茂

発行所　嵯　峨　野　書　院

〒615-8045　京都市西京区牛ヶ瀬南ノ口町39　電話(075)391-7686　振替01020-8-40694

創栄図書印刷・吉田三誠堂製本所

ISBN978-4-7823-0613-0

©Hiromi Ishigami, 2022

JCOPY 〈出版者著作権管理機構 委託出版物〉
本書の無断複製は著作権法上での例外を除き禁じられています。複製される場合は，そのつど事前に，出版者著作権管理機構（電話03-5244-5088, FAX03-5244-5089, e-mail：info@jcopy.or.jp）の許諾を得てください。

◎本書のコピー，スキャン，デジタル化等の無断複製は著作権法上での例外を除き禁じられています。本書を代行業者等の第三者に依頼してスキャンやデジタル化することは，たとえ個人や家庭内の利用でも著作権法違反です。

新・保育と健康

三村寛一・安部惠子 編著

子どもの発育発達の理解を深め，健康な心と身体を育むための幼児教育を考える。幼稚園などでの実践例も数多く盛り込んだ，子どもの健やかな成長を願うすべての人への一冊。

B5・並製・142頁・定価（本体2200円＋税）

新・保育と環境

小川圭子・矢野　正 編著

子どもの生きる力を育むために必要な環境とは？　さまざまな人や物とのかかわりを通した保育環境を，豊富な実践事例とともに平易に解説。保育に携わるすべての人への入門書。

B5・並製・176頁・定価（本体2400円＋税）

新・保育と表現
―理論と実践をつなぐために―

石上浩美 編著

子どもは何を感じ取り，どのように伝えるのか。子どもの発達特性を解説しながら，豊かな感性と想像力を育む表現を，生活の中にある音・風景・自然，子どもの遊びから考える。

B5・並製・168頁・定価（本体2400円＋税）

教育心理学
―保育・学校現場をよりよくするために―

石上浩美・矢野　正 編著

よりよい「現場」づくりのための理論的背景として「教育心理学」の知見をはめ込むことを試みた。さまざまな「現場」で子どもとかかわっている多くの方々の問題解決のヒントとなる一冊。

B5・並製・148頁・定価（本体2150円＋税）

乳児保育Ⅰ・Ⅱ
――人一人の育ちを支える理論と実践―

石川恵美 編著

保育士養成課程に基づいた章立てとなっており，具体的な例を用いた演習問題も充実している。生後0か月から2歳後半までの子どもの発達を一覧にした発達表も掲載。

B5・並製・182頁・定価（本体2000円＋税）

実践にいかす
特別支援教育・障がい児
保育の理論と支援

小川圭子・矢野　正 編著

歴史的経緯を振り返るとともに，個別の教育支援計画や基礎的な環境整備を具体的に解説。教育・保育現場の事例を用い，順序立てて学べる演習問題を各章末に設けている。

B5・並製・162頁・定価（本体2300円＋税）

嵯峨野書院